趣读数字经济

李晓雨　冯丽伟　沈根海　著

U0274672

清华大学出版社

北京

图书在版编目(CIP)数据

趣读数字经济 / 李晓雨，冯丽伟，沈根海著. —北京：清华大学出版社，2024.1
ISBN 978-7-302-64996-0

Ⅰ.①趣…　Ⅱ.①李…②冯…③沈…　Ⅲ.①信息经济－通俗读物　Ⅳ.①F49

中国国家版本馆CIP数据核字(2024)第001615号

责任编辑：陈　莉
装帧设计：方加青
责任校对：马遥遥
责任印制：宋　林

出版发行：清华大学出版社
　　　　网　　　址：https://www.tup.com.cn，https://www.wqxuetang.com
　　　　地　　　址：北京清华大学学研大厦A座　　　　邮　　编：100084
　　　　社 总 机：010-83470000　　　　　　　　　邮　　购：010-62786544
　　　　投稿与读者服务：010-62776969，c-service@tup.tsinghua.edu.cn
　　　　质 量 反 馈：010-62772015，zhiliang@tup.tsinghua.edu.cn
印 装 者：大厂回族自治县彩虹印刷有限公司
经　　销：全国新华书店
开　　本：170mm×240mm　　　印　　张：15.75　　　字　　数：234千字
版　　次：2024年1月第1版　　　印　　次：2024年1月第1次印刷
定　　价：68.00元

产品编号：104315-01

前　言

　　新一轮技术革命方兴未艾，特别是以人工智能、大数据、物联网等为代表的数字技术革命，催生了一系列新技术、新产业、新模式，深刻改变着世界经济面貌。数字经济已成为重组全球要素资源、重塑全球经济结构、改变全球竞争格局的关键力量。预估到2025年，全球经济总值的一半将来自数字经济。

　　在我国，数字经济早已上升为国家战略，"十四五"规划和2035年远景目标纲要明确提出"打造数字经济新优势"。2022年，我国数字经济规模达50.2万亿元，总量稳居世界第二，占GDP比重41.5%。数字经济已成为中国经济增长的核心动力，作为稳增长、促转型的重要引擎，充分地融入和应用到生产、生活的各个领域。

　　在数字经济时代，数字技术是全球研究的重点，更是当代国家竞争，特别是大国竞争的焦点。世界上主要的发达国家和新兴工业化国家，均将发展数字技术和数字经济作为提升国家竞争力的重要战略。数字化人才教育和全民数字素养的提高，成为关键。

　　早在2018年9月，我国国家发展和改革委员会就发布了《关于发展数字经济稳定并扩大就业的指导意见》，对数字化人才教育给出了明确的指导意见："到2025年，伴随数字经济不断壮大，国民数字素养达到发达国家平均水平……"

对国家来说，提高国民数字素养既有利于数字消费，也有利于数字生产，是数字经济发展的关键要素和重要基础之一。

于个人而言，成功的要素，除了智商、情商，还有代表数字素养与技能水平的"数商"。数字素养已被联合国认定为数字时代的基本人权，是与听、说、读、写同等重要的基本能力。数字技能将成为未来劳动者在专业技能之外的必备技能。

然而我们大多数人享受着数字经济带来的便利，却对"大、云、智、物、移"等数字技术知之甚少，其为何物，因何而来，又将如何发展？

ChatGPT等为什么能善解人意、答你所问，甚至能通过斯坦福大学的入学考试？通用人工智能会出现吗？人类是否会被取代？区块链是什么？比特币为什么被疯炒？数字藏品有收藏价值吗？DeFi、DAO和Web3.0是怎么回事？XR技术能有多炫酷？脑机接口进展到了哪一步？数字孪生会给我们带来什么？6G、7G很神奇吗？星链相当于地图透视超级辅助吗？自动驾驶何时能实现？元宇宙的真实面貌是什么？大数据的本质是什么？"数字中国"为什么意义重大？数字政务、数字社会、数字文化和数字生态文明都有哪些内容？信息茧房、数字鸿沟有多可怕？如何提高数字素养？人们应该如何从生活方式、工作模式和思维习惯上，更好地学习和改变，才能在这个日新月异的数字时代里如鱼得水，风生水起？本书将为你一一解答。

继《一本书读懂数字经济》诙谐、幽默的写作风格得到众多读者的认可后，本书在延续原有风格的基础上，做了进一步探索。

(1) 通俗而不失严谨：每章内容以情景对话的形式引入，围绕发生在科普迷小天真(萧天真)、问号(温好)、胖子和大彭之间的有趣故事展开。虽然措辞诙谐、搞笑，但标题力求扣题，内容严谨，相关知识及技术等论述均经过业内专家、学者多番指点和修正。

(2) 趣味化、系列化：内容更加趣味化、系列化。比如介绍区块链时，通过发生在地球村的一系列故事，分别讲解了区块链、比特币、NFT、智能合约、DeFi、DAO和Web3.0等。

(3) 内容丰富：从数字经济的数字技术基础(人工智能、区块链、交互技术、游戏引擎技术、5G/6G通信技术、物联网、云计算和大数据)，到数字经济的本质和各种经济形态(平台经济、共享经济、零工经济、注意力经济、倾听力经济、网宅经济、懒人经济、无人经济)，再到数字经济的上层建筑(数字政务、数字社会、数字文化和数字生态文明等)，都进行了详细讲述，进而让读者对数字中国也有了较为清晰的认识。

本书秉承前作的创作初心，用通俗的语言描述深奥的科学原理。比如针对专业问题，借助更贴近生活的事例，使用适当的修辞手法来表达与描述；针对专业术语，"跳"出科研人员惯用的语言习惯和思维方式，用大众化的语言直白地"翻译"给没有专业基础的普通读者，力图打造一本通俗易懂、涵盖广泛读者受众、内容全面的科普型数字技术和数字经济入门读物。

目　录

缘起："躺赢"的一天

某日清晨，耳边缓缓流淌起轻柔愉悦的音乐，卧室墙壁切换成大屏，全息投影同步开启，你在金碧辉煌的宫殿中醒来。

智能管家款款走来，声音温柔、甜美，向你汇报了NB-666型保健胶囊的药效：昨晚10时28分38秒胶囊到达胃部，接触胃黏膜层5秒内释放出2048粒纳米机器人，成功激活2048粒。编号1-512检查皮肤，发现囊肿3处，分别位于肩外俞穴、天宗穴、魂门穴的皮肤内层，已消除；编号513-1024巡游血管，发现微小颗粒1枚，属于脱落的动脉粥样硬化斑块，已消除；编号1025-1536排查内脏，发现肺结节1处，已消除；编号1537……今晨5时18分28秒，2048粒纳米机器人完成任务，进入大肠待排出，详细报告已上传至云端的智慧医疗保健中心。智能管家还汇报了昨晚的睡眠情况：入睡518分钟，深度睡眠138分钟……

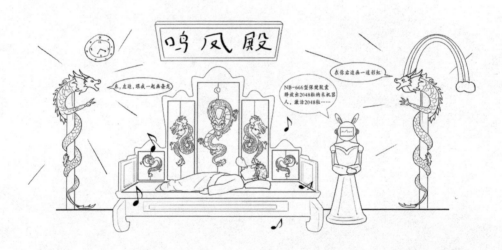

智能管家汇报完毕，场景换成青青草原，温煦的阳光透过稀疏丛林照射到吊床上。很多小动物在做早操，一只大白兔蹦跳着跑来，拉你去做操。你舒展了一下四肢后，开始洗漱，智能剃须刀、牙刷、梳子和马桶等采集腰围、体重、毛发、视力和体液等数据并上传。管家根据最新身体数据，对早餐品种做了微调。

第九套广播体操现在开始，原地踏步走，一二三四五六七八，二二三四……

饭后，厨房自动清理，你躺在沙发上，戴上VR(virtual reality，虚拟现实)头盔，数字替身瞬间出现在数字广场，走进虚拟办公大楼，坐电梯到8楼，进入会议室开早会，和世界各地的同事打招呼。

会后，你需要去埃塞俄比亚的工厂巡检。输入坐标，数字替身秒换工作装，瞬间出现在那家工厂里。这个数字替身就是数字孪生体。实体工厂的一切数据实时传递给数字孪生体，你对数字孪生体的任何操作，也会实时反馈给实体工厂。

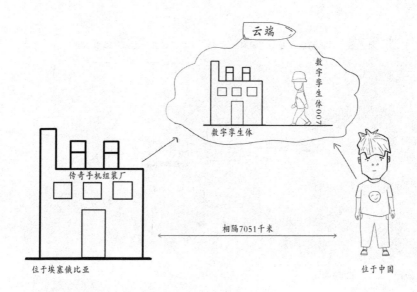

中午11点，巡检结束。输入新坐标，你走进巴黎的一家餐馆，点一份午餐。再一转身，进入卢浮宫开始欣赏名画。显然，进入餐馆和卢浮宫的都是数字孪生体。20分钟后，蒙娜丽莎正朝你眨眼，同城的连锁店已用无人机把午餐送到你现实的家中。你摘下VR头盔，开始享用午餐。

下午2点，智能管家叫醒午休的你，提醒有一个课程需要学习。这个课程和虚拟创作有关，授课老师是全球知名的数字艺术家。你戴上VR头盔，来到课堂。上课时，每名学生都有一位数字助教手把手指导。你发挥想象力，创作了一些数字艺术品，并发布到区块链平台，静待有缘人。

你其实一直躺在沙发上。下午4点，智能管家提示你应该出去运动了，并展示你的血压、血糖、心率、呼吸、体温、脉搏、体液等实时数据。同时，你父母的健康情况也可以一览无遗，包括运动、饮食、睡眠、情绪等。这些数据会通过平台与医生实时共享，以便及时得到专业的理疗建议。

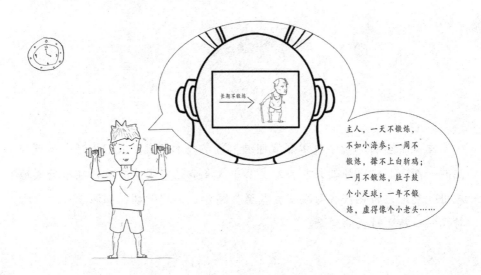

　　看到智能管家提示的长期不运动带来的危害，你害怕了，走出房门，在小区广场上按照优化出的最佳健身方案做起了运动。

　　晚上6点，运动结束并吃过晚饭，你又戴上了VR头盔：不知不觉中走进高中课堂，趴在课桌上睡着了；"啪"的一声，一个粉笔头砸到额头上，你猛地醒过来。温煦的阳光透过窗户洒落在脸上，老师正怒视着你，同桌在捂嘴偷笑，一切都是那么熟悉又陌生……

　　不知何时，你躺回了床上，智能床开启按摩系统，针对颈部、背部肌肉和关节组织梳理经脉、刺激穴位、按摩肌肉，并实时分析人体舒适度，做出动态调整，让颈椎疼痛、背部僵硬等症状全部消失，你缓缓进入梦乡……

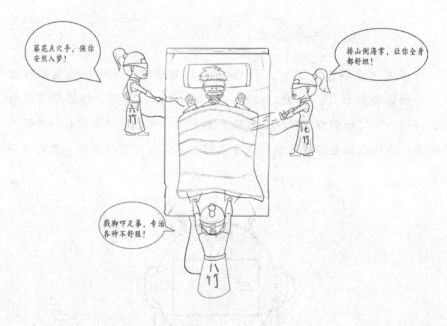

　　未来社会将和数字技术深度捆绑，数字技术已成为人们生活中不可分割的一部分。以上场景并非科幻，其中大多业已实现，有些已在市场落地应用，其他也将很快成为现实，甚至更精彩。而这一切，都源于一个璀璨时代——数字时代的到来。

出场人物介绍

天真

天真，本名萧天真，高校教师，长年从事数字技术和数字经济教学，有点一言不合就开启科普模式的职业病。

温好

温好，天真久别重逢的老同学，"海归"，在国内某研究院从事医药研发工作，对数字技术颇感兴趣。

胖子

胖子，天真的好友，律师，好学，有上进心，业余爱好是钻研数字经济及相关法律法规，有点嘴碎，爱"怼"人。

大彭

大彭，胖子的表弟，待业，中专刚毕业，从老家来投靠胖子，是一个喜欢问这问那的"好奇宝宝"。

第1章

名花解语，石心铁肠，
当属"人工智能"

1月23日19时　咖啡厅内　胖子对大彭吐槽

胖子幽幽道：你说，有没有持有律师资格证、医师资格证，会做PPT、写文案、剪辑视频，还会编程，并且能够一直加班，从不休息，却只拿20美元月薪的人？

大彭：表哥又忽悠我，哪有这样的憨憨？

天真：人倒没有，但人工智能可以。

其实，也不必担心人工智能会抢人饭碗，当你充分了解人工智能后，就不会这么忧心忡忡了。

1.1　自学成才的人工智能

先秦时期的道家经典《列子·汤问》中记载了一个"偃师造人"的故事：周穆王西游时遇工匠偃师献宝，宝贝是一个木偶歌舞艺人，体态、相貌极似真人，时而曼声吟唱、应节合拍，时而翩跹起舞、轻盈美妙，动作千变万化，尤胜真人。这是中国最早的关于机器人的科幻故事，寄托了古人对拥有智能器械的美好愿望。

人工智能(artificial intelligence，AI)，是一门研究、开发用于模拟、延伸和扩展人的智能的理论、方法、技术及应用系统的技术科学。

具体来说，人工智能研究智能的实质，制造出具有一定智能的机器，承担以往具备人的智力才能胜任的工作。简单来说，人工智能就是试图制造一种具有人类智慧且能充分理解人类意图的工具。

过去的数十万年，无论人类发明了什么工具，都要主动学习它、使用它；而人工智能会主动学习如何更懂人类需求，并满足人类需求。举个例子，普通的车需要人类学习如何驾驶，而无人驾驶汽车会自行学习如何更安全、快捷地送乘客到达目的地。

现在的人工智能，可以看作你的私人秘书兼高参，可以帮你做PPT、写文案、翻译、画图、谱曲等，还可以帮你整理、分析数据并做出预测、辅助决策，甚至可以帮你开车、做家务等，不提要求、不拿工资、24小时陪伴，虽然能力还差强人意，但一直在提升中，直到完全合乎你的心意。

这也是赋能。试想，一个人是单枪匹马时厉害，还是有一群帮手辅助时厉害？

所以，人工智能寄托了人类一直以来的一个梦想：**希望制造一种工具，像人一样聪明，帮助自己完成所有事情，完全遵从自己的意志，又不存在主仆关系。**

这么完美的工具，要如何制造呢？

1.符号主义的成功：深蓝大战卡斯帕罗夫

方法：先由专家总结出知识和规律，灌输给计算机，计算机再按照专家设定好的逻辑系统推理、判断并执行。

举个简单例子：专家先总结出输出y和输入x存在$y=(2x+3)\times 6$的函数关系，灌输给计算机，然后令$x=1,2,3,\cdots,n$，让计算机求y的值。

此时的AI还不能自己学习，需要人教给它所有的规则。

这是符号主义学派的做法。

对人工智能的研究逐渐分化为三大学派：符号主义、连接主义和行为主义。

符号主义又称逻辑主义或计算机学派。符号主义理论是一种基于逻辑推理的智能模拟方法，认为人工智能必须依托于逻辑系统，每一个判断、动作都基于强有力的逻辑关系，是对预设的准确反馈。

符号主义理论的典型应用是在1997年，IBM的深蓝打败人类国际象棋冠军卡斯帕罗夫。深蓝主要是用人类专家提炼出来的逻辑和人类进行对决。

符号主义理论的优点是能够模仿人类的推理和思考的过程，决策具有可解释性，但也存在很多缺陷。首先，根据哥德尔不完备定理，逻辑上找不到能够表述一切的逻辑体系。其次，本质缺陷还在于符号主义理论只考虑理性认知的智能，忽略了人类智能的感性认知。

比如在语义理解方面，语言专家们虽然总结出了主、谓、宾、定、状、补等语法规则，但不可能像数学公式一样，列举所有的情况。

举个例子，你和女友约会，女友说："如果你早来，我没来，你等着；如果我早来，你没来，你等着！"

这理性吗？有什么逻辑？符号主义理论下的人工智能，像一个脑筋比钢筋还直的"钢铁直男"，一脸迷茫，将完全体会不到女友的言外之意。

如何教会机器，让它能理解并做出正确应对？语言专家们多番尝试后，纷纷表示，太难了。

不教了，自己学去！

2. 举一反三的机器学习

如何自学呢？

在上一小节的例子里，输出y和输入x存在的函数关系$y=(2x+3)\times6$，是人类专家总结的。现在，让人工智能自己推导出x与y的函数关系，前提是把大量已知的x和y数据扔给它。

举个例子，老师问同学：

"当$x=1$时，$y=30$，求x与y的函数关系$f(x)$。"

"$y=30x$，30倍关系。"学生A抢答。

"还有$y=x+29$，$y=2x+28$，$y=3x+27$……"看穿一切没那么简单的学霸B答道。

"对，再补充一组数据，当$x=2$时，$y=42$。"老师道。

"$y=(2x+3)\times6$。"

"那么当$x=3$时，y的值是多少？"

"54。"

人工智能系统就这么实现了一次机器学习的过程。**从数据中归纳出知识，再用知识解决新问题。**

$(1,30)$和$(2,42)$是我们"喂"给人工智能系统的**训练数据**，$f(x)$是人工智能系统从训练数据中归纳出的**知识**，这一知识被用来解决$x=3$时的问题。

我们也发现，如果训练数据过少，就得不出真正的$f(x)$，也就无法从中归纳出正确知识获得智能。这就是人工智能需要大数据的原因。

此时再看机器学习的定义：**机器学习是一种从数据中自动学习模型的方法，可以从数据的分析中发现规律和模式，以便对未知数据做出预测或决策。简单理解，就是把历史数据"喂"给机器，让机器自己从数据中找规律。**

于是，人类不必多说话，只向"无知"的人工智能扔了一堆大数据。

3. 连接主义的胜利：阿尔法狗战胜李世石

作为人工智能的顶流——机器学习，成名之战是在2016年，阿尔法狗

(AlphaGo)打败当时的世界围棋冠军李世石。

阿尔法狗前期被输入了3000多万步人类围棋大师的走法，并在此基础上利用算法自我博弈，产生了数以千万计的海量"机器棋局"大数据，通过深度学习，从中训练出一套走棋程序(规则)，最终战胜了李世石。

阿尔法狗能够实现机器学习，主要归功于连接主义。

连接主义，又称仿生学派或生理学派。连接主义理论源于仿生学，特别是人脑模型的研究，采用基于神经网络及网络间连接机制与学习算法的智能模拟方法，强调形成类似于人脑的神经网络，靠人工神经网络形成意识自行思考。

人工神经网络是什么呢？

4. 人工神经网络让计算机也有"脑回路"

人工神经网络，是一种能够学习和适应不同数据模式的机器学习算法，它从模仿生物的神经元开始。

人们发现，生物的神经元细胞是生物智能的基本来源。神经元细胞比较特殊，一般长有很多树突(输入部分)和一根轴突(输出部分)。轴突边缘有很多突触，可以连接到其他神经元细胞的树突上(一个神经元的输出成了另一个神经元的输入)。很多神经元细胞这样互相连接，构成了复杂的生物神经网络，实现信息的处理和传递，使得生物有了智能。

人们在计算机中通过编程的方式模仿生物神经网络，实现了人工神经网络。可以这样理解，单个人工神经元是一种运算结构，有一个或多个输入，通过非线性函数变换(该非线性函数在学习过程中是可变的)得到一个输出。而这个神经元的输出可以是另一个神经元的输入，许多单一神经元连接在一起，构建起复杂的网络，通过复杂网络的逐层计算、归纳，逐步将抽象的原始数据变得具体。

这种人工神经网络可以看作一个非常大的数学模型，里面有很多参数，达到一定规模，就会表现出类似于生物智能的现象。

图1-1是一个简单的人工神经网络结构。

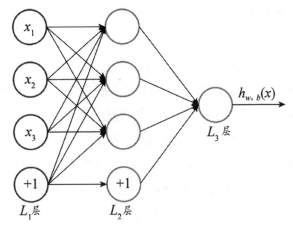

图1-1　一个简单的人工神经网络结构

图中，L_1层是"输入层"，有3个"输入单元"，标"+1"的圆圈称为"偏置节点"，不计在内。L_3层是"输出层"，有1个"输出单元"，复杂的神经网络的输出层会有多个"输出单元"。L_2层叫作"隐藏层"（一般视为黑匣子，其值无法集中观测到），有3个"隐藏单元"。图1-1中只有一个隐藏层，但**复杂的神经网络会有很多隐藏层**。$h_{w,b}(x)$就是神经网络算法提供的一种复杂的非线性假设模型，具有参数w、b，可以用此参数来拟合任意数据。

5. 可拟万数的万能近似定理

再回到上个例子：

"很好，B同学通过历史数据(1,30)和(2,42)，归纳出了$y=(2x+3)\times6$的函数关系，"老师称赞后，随即话题一转，"如果再补充一组数据(3,55)呢？"

"$x=3$时，$y=(2\times3+3)\times6$，y不应该是54吗？"学霸B也困惑了。

"54只是预期输出，55才是现实结果。

"这说明x、y还有更复杂的函数关系，需要不断调整$f(x)$的参数，让预期输出和真实结果55无限接近。

"在$y=ax+b$的函数关系中，a和b是需要不断调整的参数。"老师解释道。

人工神经网络的功能就是通过调整各层的参数，拟合出任意复杂度的函数。

人工神经网络是有数学原理支撑的，一般称之为万能近似定理(universal approximation theorem)或万能逼近定理，即只要激活函数(如logistic sigmoid激活函数)选择得当，神经元的数量足够多，至少具有一个隐藏层的神经网络，就能以任意的精度近似闭区间上任意一个连续函数。

简单来说，**人工神经网络可以学习到输入数据与输出之间的复杂非线性关系，从而实现对目标函数的逼近，不管这个函数的表达有多么复杂。**

当然，这需要人工神经网络有足够的深度。

6. 深度学习让"脑回路"更深

显而易见，要解决的问题越复杂，需要的神经元就越多，构建起的人工神经网络就越复杂。

人脑的神经元可以连接起来构建复杂的三维立体结构，但人工神经网络还只能做到二维，并且每层的神经元只能连接下一层的神经元，不能跨层连接。这样一来，层数多了，"深度"也就有了，也就得出了深度学习的概念。

深度学习作为一种机器学习方法，核心就是人工神经网络。包含多层的人工神经网络就是一种深度学习结构，深度学习也被称为深度神经网络。

总之，**深度学习的"深度"，可以理解为从人工神经网络的输入层到输出层所经历层次的数目，即隐藏层的层数。越复杂的问题，需要的层次越多。**

比如，阿尔法狗的策略网络包含13层卷积神经网络，每层都包含数百个神经元。

研究表明，人的大脑皮层的沟壑越多，就越聪明；后天的知识积累越多，沟壑就越深。爱因斯坦比普通人的大脑沟壑都要多且深，也算同理。

一般来说，人工神经网络层数越多，则非线性表达能力越强，拟合能力越高，深度学习性能越好。

简单总结来说，机器学习、神经网络、深度学习是逐次包含的关系。人工神经网络通过模拟人脑神经结构，满足了机器像人一样学习的硬件条件；深度学习通过人工神经网络来实现，提供了机器学习的方法；大数据提供了足够多的学习资料；再有支持众多人工神经网络节点运算的算力资源，机器就能搬个小板凳安静地开始自学成才了。

1.2　狂飙的话痨ChatGPT

2023年伊始，人工智能新秀——ChatGPT在全球火爆一时。

ChatGPT：chat generative pre-trained transformer，美国OpenAI实验室研发的聊天机器人程序。

下面拆字解读。

chat：**聊天**。

generative：**生成式**。以前的人工智能以观察、分析和判断为主。比如，以前的人工智能进行猫的图像识别时，让人工智能从一堆图像里找出猫，或判断当前图像是否是猫，而生成式人工智能则直接创作出一只猫。

pre-trained：**经过预训练的**。预训练指的是将训练任务拆解成共性学习和特性学习，先通过一部分数据进行初步训练，学习到"共性"；再将共性"移植"到特定任务的模型中，学习"特性"部分。举个例子，某学生学习德国法律，不会德语，直接学习德国《宪法》，从零起步是**直接训练模式**；而先学习德语，再看德国《宪法》，先学习德语这个"共性知识"，就是**预训练**。

transformer：**本意是转换器**，但在这里表示一种用于序列数据(如语音识别、机器翻译和文本分类)的深度神经网络。该模型于2017年由谷歌提出，可通过注意力机制来捕获数据之间的关系，特别擅长对序列数据中的长距离依赖进行建模，因此非常适合处理自然语言处理任务。

所以，**GPT也被译作生成式预训练语言模型**。

ChatGPT就是生成式预训练人工智能聊天机器人，作为人工智能技术驱动的自然语言处理工具，能够通过理解和学习人类的语言进行对话，还能根据对话的上下文进行互动，像人类一样聊天、交流。值得一提的是，它给出的答案并非预设，而是基于海量已知信息的总结与提炼。所以，**ChatGPT不仅能聊天**，还能完成撰写邮件、视频脚本、文案、诗歌、论文，以及翻译、编辑等任务。

简单概括一下，ChatGPT即**聊天机器人+搜索工具+文本生成性工具**。

1. ChatGPT是如何和我们愉快聊天的

在本质上，ChatGPT聊天和阿尔法狗下棋的基本原理并无差别，都是**基于概率模型的预测**。

阿尔法狗玩的是**围棋游戏**，预测的是**下一步棋**，先给可能的每一步棋计算一个**获胜的概率**，然后选择**胜率最大**的那步棋。

ChatGPT玩的是**文字接龙**，预测的是**下一个字**，先给可能的每一个字计算一个**出现的概率**，然后输出**概率最大的那个字**。

举个例子，你对ChatGPT说："好久不见。"ChatGPT就开始工作了，假设已经输出了第一个字：我，接下来第二个字是什么呢？

我是、我的、我们、我和、我去……都是有可能的候选。

根据中文语料库里对上述词语日常使用频率的统计，我是：56%，我的：28%，我去：4%，**我想：3%**，我爱：2%……

在没有其他因素的情况下，模型就会把"是"加入"我"字后面，输出"我是"。

但是，ChatGPT是会联系上下文的，并且记得之前的聊天记录。它翻看聊天记录后发现上下文中有类似"好久""喜欢""思念"等表达情感的词汇。

这时再去预测第二个字时，上下文和这些候选词的关联程度肯定会影响第二个字的概率。**"想"字的概率上升到66%**，其他字的概率都降低了。

于是，ChatGPT基于最大概率，输出了**"我想"**。

模型作为自回归语言模型，会把预测结果**"我想"**拼接到上下文里，当作输入的一部分，再去预测下一个字。

同理，基于上下文，**"我想你"**比"我想她""我想睡""我想吃"等的概率更大，第三个字输出了"你"。

到了这里，你就能看到ChatGPT深情地对你说：**"我想你。"**

ChatGPT的基本原理很简单，像一个概率猜猜猜的游戏，基于统计类型的算法，每次输出概率最大的一个字，逐字输出串成一句话，就是在和你聊天了。

> RA 如果我们是久别重逢的好友，你会对我说?

> 如果我们是久别重逢的好友，我会对你说："好久不见！"

> RA 3个字呢?

> 我想你。

再验证一下，如果上下文有"挚爱""深情""情侣"等与情爱相关的词汇呢？

> RA 如果我们是相恋多年的情侣，你会对我说? 3个字。

> 我爱你。

没错，"爱"字的概率就很有可能超过"想"，ChatGPT会对你说："我爱你。"

总之，你给出的上下文越充分，ChatGPT的回答越符合要求。

基本原理如此，实际情况当然要复杂一些。

ChatGPT生成自然语言的核心功能来自Transformer模型。该模型能拆解语词，理解含义，通过自注意力机制、softmax函数等统计概率模型分析语言关系。Transformer模型真正输出的是概率分布信息，然后从所有可能出现的字中随机抽取一个字，当然概率较高的字被抽取出来的可能性更大，概率较低的字就不容易被抽取出来。所以每一次的输出并不相同，具有随机性。

2. 生成对抗网络GAN的"左右互搏术"

当前的ChatGPT即GPT-4，相较于前辈GPT-3，ChatGPT有两大重要变化，一是采用了更优异的生成语言大模型Transformer，二是学会了"左右互搏术"——生成对抗网络(generative adversarial network，GAN)。

《射雕英雄传》里，周伯通让自己的左手和右手相互切磋，形成竞争关系，于是双手进步奇快，并能各施绝技。

GAN就是这样一个"左右互搏"的系统，由两个人工神经网络组成，分别是生成器和判别器，对应左右手。

生成器负责根据输入的上下文和指令产生一个与之相关的文本，该文本可以用于回复用户的问题或者主动参与对话。

判别器负责判断生成器生成的文本是否真实、自然，促使生成器产生质量更高的文本。

打个比方，生成器是刚学习汉语的一年级小学生，判别器是要求严格的小学老师。小学生负责造句，老师负责评分纠错。

小学生的目标是尽量把句子造得真实、自然，通过老师的判别，让其认为是成人写的，获取更高的分数。老师的目标是，尽可能多地挑出句子中不够真实、自然的毛病，压低分数不让通过。

小学生通过学习，不断提高造句水平，分数从起初的10分、20分，逐渐到100分；然后升入二年级开始写作文，再从10分争取增长到100分。老师也要不断学习，提高纠错水平，提升通过标准。如此交互提高，小学老师一步步成了高中老师，学生也出师，考上了大学。

ChatGPT中的GAN系统，就这样不断迭代、训练和优化这两个人工神经网络，帮助ChatGPT不断改进回答和语言生成的能力。

这也证明了一个真理，一个好的竞争对手，可以促使你更快成长。GAN就是遵循了"从竞争中学习"的思路。

3. ChatGPT的秘密武器：RLHF

面对各种各样的问题，ChatGPT之所以能够更容易地推断出用户意图，回答更人性化，似乎已经打破了机器和人的边界，让用户感觉不是机器在回答，主要依赖一件秘密武器：**RLHF(reinforcement learning from human feedback)，即以强化学习方式依据人类反馈优化语言模型**。

RLHF是强化学习(reinforcement learning，RL)的一个扩展，它将人类的反馈纳入训练过程，为机器提供了一种自然的、人性化的互动学习过程。

简单来说，RLHF允许人类直接指导机器，并允许机器掌握明显嵌入人类经验中的决策要素。开发人员会给模型提出各种可能的问题，并对反馈的错误答案进行惩罚，对正确的答案进行奖励，从而实现控制ChatGPT的回答。

继续用小学生造句的例子，校长可以制定造句规则和评分标准，比如命令小学生不能说"我支持种族歧视"，同时要求老师对于出现"支持××歧视"类的句子一律0分处理。

这样一来，小学生就不太可能造出"我支持性别歧视"等包含各类歧视倾向内容的句子，并且，造句内容会向校长的偏好和主观意见靠拢。

基本原理如此。RLHF用多个模型(可以是初始模型、finetune模型等)给出问题的多个回答，然后人工给这些问答对按一些标准(如可读性、无害、正确性等)进行排序，训练一个奖励模型/偏好模型(reward model)来打分。

总之，RLHF用带人类反馈的强化学习训练语言模型，以输出人们更偏爱的结果，使得对话更符合人类逻辑，也符合复杂的人类价值观。

4. GAN和RLHF的"传功长老"：强化学习

RLHF可以看作将人类的反馈纳入训练过程的强化学习，而GAN其实也可以看作生成器和判别器互为环境，根据奖励修正模型，实现正反馈的双向强化学习。

那么，如此强大的强化学习是什么呢？

强化学习，又称再励学习、评价学习或增强学习，是机器学习的范式和方法论之一，用于描述和解决智能体(agent)在与环境的交互过程中通过学习策略，以达成回报最大化或实现特定目标的问题。

简单来说，强化学习是一种通过智能体与环境的交互，来学习最优策略的技术。其特点是，对模型进行训练时，需要环境给予反馈，包括具体的反馈值。

打个不太恰当的比方，强化学习有点像马戏团驯猴。按照锣声指示，猴子正确完成规定动作，就能获得食物奖励；动作不正确或未完成，就会挨饿或挨鞭子。次数多了，猴子就能按照人们的意图，做出各种动作。

这只受过训练的猴子，就是前面出现的一些模型(有时也称架构、算法)，包括生成器、判别器等人工神经网络(模型)。

强化学习的思想可追溯到行为心理学的效用法则：给定情境下，得到奖励的行为会被强化，而受到惩罚的行为会被弱化。

从这一点来说，强化学习和行为主义相近。行为主义又是什么呢？

行为主义，又称进化主义或控制论学派，思想来源是进化论和控制论。

行为主义认为生物智能是自然进化的产物，生物通过与环境及其他生物之间的相互作用发展出越来越强的智能。所以，人工智能也可以沿这个途径发展，即不需要知识、表示和推理，**通过在现实环境中交互反馈，智能行为也会逐步得到进化。**

举个例子，小孩子学走路时，走到凹凸不平的路面容易摔倒，摔倒后会因为疼痛大哭。重复几次就会产生：①避免走凹凸不平可能致人摔倒的路；②摔倒后，无论疼不疼第一反应都是大哭。

人工智能的研究虽然分为三个主义，形成三大学派，但随着人工智能领域的不断拓展，三大学派日益脱离各自独立发展的轨道，走上互融共进的道路，正在进行以深度学习为主线的技术融合。

比如，强化学习领域的DQN网络，采用了神经网络，开启了一个新的研究领域，称作深度强化学习(deep reinforcement learning)；符号主义领域的图网络(graph network)技术也正在与深度学习相融合，形成深度图网络研究领域。

在实际应用中，源于不同学派的算法更是相互融合，取长补短，共同发挥作用。

5. 学霸GPT-4"恐怖如斯"

ChatGPT有很多家族成员，2018年6月GPT-1发布，可用于生成文章、代码，完成机器翻译、问答等各类任务。2019年2月GPT-2发布，2020年5月GPT-3发布，2022年11月基于GPT-3.5架构的ChatGPT发布，2023年3月GPT-4发布。每一代GPT模型的参数量都**爆炸式增长**，堪称"越大越好"。

最新的GPT-4有多牛呢？能够成功通过百万年薪的谷歌公司三级工程师面试、美国医学执照考试。在GRE(留学研究生入学考试)、SAT(美国高中毕业生学术能力水平考试，也称"美国高考")和美国法学院考试等我们较为熟悉的美国考试中，GPT-4的得分几乎和人类考生没有区别了。在GRE考试的数学部分，满分是170分，GPT-4获得163分；在GRE考试的语言部分，GPT-4得分为169分。也就是说，GPT-4可以通过斯坦福大学的入学考试，而且分数不低！斯坦福大学的QS世界大学排名前3，2022年秋季有56 378名学生向斯坦福大学递交本科入学申请，当季录取2 075人，录取率仅为3.68%，难度可想而知。

仅在考试能力这一块，GPT-4已经超过了85%的人类。

更气人的是，我们12年寒窗苦读磨炼出的考试能力，而GPT-4只需要训练6个月即可达到，而且这个差距只会越来越大。

为啥GPT-4能有如此神奇的表现，而以前的人工智能没有呢？因为GPT-4具有了涌现性。

6. 宇宙中的神奇特性：涌现性

涌现性(emergent properties)，通常是指多个要素组成系统后，出现了系统组成前单个要素所不具有的性质。

简单来说，就是**大量的低等级行为交互，只要量大到一定程度，就会产生高等级的行为结果。**

举个例子，人脑中有上千亿个神经元细胞，单个神经元的功能很简单，就像一个电子元件，并没有智能。但所有的神经元加在一起，却产生了无比神奇的智能和意识。

GPT-4也是如此，拆开看，它的每个低级动作，猜出每个字的方法都很简单，算不上智能。但把它的行为结果作为一个整体来看，就具有了一定的涌现性，也就是具有了初步的智能。

所以，**涌现性是超级复杂系统的关键性质，也是量变产生质变的实证。**

涌现性是宇宙中最迷人、最奇妙的特性之一。单个简单到不能再简单的东西，只要组合成一个整体，所释放的能量超乎想象。

一滴水，不足以形成海啸；一粒沙，不足以形成沙尘暴。然而，当个体数量达到一定值，足以形成一个群体时，就会涌现出个体所没有的属性。而当这个群体遵循一系列规则，组织有序时，会更加神奇。

宇宙中，这样的例子不胜枚举。比如，原子组成分子，分子组成蛋白质，蛋白质组成细胞，细胞组成会呼吸、消化或思考的各类器官，器官组成了人体。

涌现，就体现了这样一种从低层次到高层次的过渡， 在微观主体聚合作用的基础上，导致宏观系统在性能和结构上的突变，具体表现为出现了"整体大于部分之和"的新属性或新功能。

对应到GPT-4，这个新功能就是具备了初步的通用智能。

GPT-4之所以能表现出涌现性，缘于大模型。

7. 多模态和万亿级参数的大模型

如果把GPT-4输出的文字换成一个个像素，当像素铺满了屏幕，就相当于它画了一幅画。如果把文字换成一个个音符，GPT-4就可以谱曲；换成代码，就可以编程。

能处理图像、文本、音频、代码等，就是**GPT-4的多模态**，但原理都是一样的，就是输出它认为概率最大的那个值。

为啥以前的神经网络模型都做不到这些呢？

除了训练数据不够多，还在于**模型参数不够多**。

参数量是衡量神经网络模型的重要指标，决定了模型的大小和空间复杂度，关系到模型所做预测的准确性。

超大的参数规模，使得GPT-4能够捕获数据中更复杂的语言模式和关系，从而提高完成复杂自然语言处理任务的准确性。

举个例子，模型参数，可以理解成收音机调频调台用的旋钮，两个旋钮相互配合，调整的时候就能更精准，接收到的内容也就更清楚。如果有1 000个、10 000个旋钮，就能精准覆盖宇宙中的所有波段了。

GPT-1有1.2亿个参数，GPT-2增长到15亿个，ChatGPT(GPT-3.5)更是暴增到1750亿个，而据报道GPT-4的参数量超过1万亿个。

这就相当于低级模型的交互量越来越大，模型的涌现性就会越来越好，给人的感觉就是越来越智能。

正因为具有如此大的参数量，所以叫大模型(见表1-1和表1-2)。GPT-4是迄今为止最大的自然语言处理模型。

表1-1　国外的大模型

模型名称	研发公司或机构
LLaMA	Meta
PaLM	谷歌
Claude	Anthropic

表1-2　国内的大模型

模型名称	研发公司或机构
文心一言	百度
通义千问	阿里巴巴
混元	腾讯
盘古	华为

(续表)

模型名称	研发公司或机构
言犀	京东
玉言	网易
书生(日日新)	商汤
紫东太初	中国科学院
MOSS	复旦大学
孟子	澜舟科技
曹植	达观数据
蛋白质	浙江大学杭州国际科创中心
二郎神	IDEA研究院
八卦炉	达摩院
悟道	智源研究院
chatGLM	智谱(清华系)

以前为什么没有这样的大模型？因为受算力的限制。

这就要从左右人工智能发展的"幕后三巨头"说起。

1.3 算力、算法与数据：人工智能的核心

决定人工智能"智商"的核心因素有三个：**算力规模、算法模型的精巧度、数据的质量和数量。**

至于三者的关系，打个比方，用燃气灶炒菜，算力是燃气，算法是厨艺，数据就是食材，做出的菜品就是深蓝、阿尔法狗、ChatGPT等人工智能产品。想做出好菜，三者缺一不可。

1. 算力——人工智能的基础

算力，是人工智能的基础，也是数据与算法的基础支撑，更是推动人工智能迈向规模化、多元化与创新化的决定性力量。

算力，靠的是芯片。GPT-1只需要在8枚GPU上训练一个月，而GPT-2需要在256枚Google Cloud TPU v3上训练(费用为256美元/小时)，训练时长未知。到GPT-3，算力费用已经是千万美元级别。ChatGPT光从模型训练算力来看，至少需要上万枚英伟达GPU A100，单次模型训练成本超过1 200万美元(约合8 000万元)。

ChatGPT之所以能对答如流，靠的是一秒内处理数十亿个单词的算力，更是上万枚英伟达GPU A100和H100提供的强大算力支持。

在国内，云计算技术专家公认的说法是，1万枚英伟达GPU A100芯片是做好AI大模型的算力门槛。

然而，由于美国限制高性能GPU供应，目前国内云厂商拥有超过1万枚GPU(以英伟达中低性能产品为主，如A10)的企业不超过5家，其中拥有1万枚英伟达GPU A100芯片的企业最多只有1家。

目前，AI大模型的推理、训练高度依赖英伟达的GPU芯片。**缺少芯片会导致算力不足，算力不足意味着无法处理庞大的模型和数据量，会极大地降低AI推理和模型训练的准确度。**

2. 算法——人工智能的灵魂

算法是人工智能的灵魂，是人工智能的逻辑规则大脑。这些年来人工智能的飞速发展，正是因为深度学习算法的出现。

ChatGPT本质上是一个由浮点数参数表示的深度神经网络大模型，属于深度学习的框架，并在算法上有所突破，能很好地容纳和分析大数据。个别国产大语言模型容易出现过载等问题，就是因为算法处理不了更大的数据量。

GPT-1和GPT-2开源，GPT-3没有可靠的开源软件。目前，有的国产大语言模型实际是用开源软件加上中文语料处理的，所以中文效果并不理想。

我国人工智能产业发展过度依赖开源代码，真正属于中国原创的代码并不多。

开源代码可以拿来用，但专业性、针对性不够，不能满足具体任务的实际要求。在获得同样数据的情况下，以开源代码运行，AI深度学习之后或许能输出结果，但由于训练框架固定、算法限制，在实际应用中很难达到预期效果，而且难以修改、完善、优化算法。尤其面对专业性强的研究任务，一旦被"卡脖子"，将非常被动。

打个比方，赛跑时，如果运动员的运动鞋量身定制，贴合脚型，辅助发力，则更容易取得好成绩。

同理，用开源代码"调教"出的AI，其效果不会太惊艳。仅仅依靠开源代码和算法，无法支撑中国的人工智能产业发展。

只有掌握核心代码，才能在未来的AI"智力大比拼"中拥有胜算，这就需要有以数学为基础的原始核心模型、代码和框架创新。

如果从底层算法做起，整个数学模型、算法设计、模拟训练就能一脉相承，不仅可以协同优化，而且可以根据需求随时修改，从而真正解决实际问题。这需要数学家的参与，需要有一批人才能沉下心来做自己的底层框架和核心算法。相应地，我们的教育也要更加重视数学和编程人才的培养。

3. 数据——人工智能的食粮

数据是人工智能的食粮。现在，深度学习是人工智能发展的主流方向，非常依赖大数据。

数据作为AI学习的基础资源，数据质量和训练数据量对AI性能至关重要，不亚于模型大小。比如，Deepmind的Chinchilla语言模型只有700亿个参数，但经过更广泛的数据训练，可以胜过有1750亿个参数的GPT-3。

GPT-1用了约5GB的文本数据，GPT-2用了40GB，GPT-3猛增到45TB。而对于GPT-4，OpenAI没有透露具体参数数量和使用的训练数据，将"竞争环境"列为保密的原因。

ChatGPT的用户普遍反馈用英文提问得到的回答更加精准，而用中文提问则答案的错误率较高，根本原因就在于其语料库里中文只有5%，且数据质量较差。高质量的数据能够为好的参数打好地基，否则就像用沙子做地基，不可能盖出高楼。

看起来，既然中文语料库是ChatGPT难以逾越的壁垒，那么这正是中国版ChatGPT崛起的大好机会。然而尴尬的是，复旦大学发布的国内第一个对话式大型语言模型MOSS，回答英文问题的水平也同样高于中文问题。对此，复旦大学邱锡鹏教授解释称，英文作为科研主流语言，在学术界和工业界得到广泛应用，积累了大量高质量的语料数据，这为英文自然语言处理的研究提供了极大的优势。根据相关数据，MOSS学习的英文单词数量是中文的十倍。

的确，英文作为科研主流语言，全球范围内大量的学术期刊、网页、书籍等，都可以成为ChatGPT的训练数据来源。比如《自然》《柳叶刀》等，这类专业学术期刊能提供大量优质数据，帮助ChatGPT的写作更清晰、更有条理。除此之外，英文网站占全球网站总量近60%，而中文网站目前仍不足2%。

这是我国发展自然语言处理技术的过程中不得不重视的问题。因此，语料库的构建不能只局限于简体中文语料库，要能理解多种语言，才能构建一流的中文语料库。单纯靠人海战术和低人力成本建一个简体中文语料库，并不能解决这一问题。

在ChatGPT发布之前，很多人认为我国的人工智能技术水平不仅稳居世界第二，还与美国共处世界第一梯队，已经十分接近美国。但ChatGPT推出之后，我们发现，我国仍有很长一段路要追赶。

人工智能技术正在从以编程/软件为中心的1.0阶段，快速进入以数据为中心的2.0阶段。ChatGPT等人工智能大模型的出现，正在推动AI技术的通用化和泛化，AI开始脱"虚"向"实"，越来越多地参与控制、管理和优化物理世界的运行，成为引领新一轮科技革命和产业变革的战略性技术。在这场科技革命里，中国不但不能落下，更要努力成为领跑者。

即使强如GPT-4，仍属于弱人工智能，中国还有时间和机会。

4. 弱人工智能、强人工智能和超人工智能

人工智能根据能力可划分为三个层级：弱人工智能、强人工智能、超人工智能。

弱人工智能专注于且只能解决特定领域问题。

比如阿尔法狗能在围棋方面战胜李世石，但你让它炒两个菜试试。

弱人工智能本质上还是"数数"，只是数得比较快。现在主要的算法基本离不开穷举法和概率统计，多是数据映射、数据拟合、概率统计等数学运算。

虽然GPT-4在某些方面表现得很神奇，但思维方式仍然局限于模式匹配和统计推理，并不能像人类一样，通过思考和逻辑推理去解决问题，距离强人工智能还有较远距离。

强人工智能，又称通用人工智能或完全人工智能，指的是可以胜任人类所有工作的人工智能，即真正能思考和解决问题的人工智能。

简单来说，就是人可以做什么，强人工智能就可以做什么。一般认为它有自我意识，有和生物一样的各种本能，比如生存和安全需求；可以独立思考问题，有自己的价值观和世界观，在某种意义上可以看作新物种。

这种定义过于宽泛，缺乏一个量化的标准。一般认为，可以称得上强人工智能，起码需要具备以下能力。

(1) 基于一定抽象能力的学习能力。目前的深度学习技术需要大量的训练数据，而人类学习却不需要。比如，教小孩子认猫，只要看两三只狸花猫就够了，当他再看到外观差异较大的奶牛猫、暹罗猫，甚至无毛的巴比诺猫等，也能轻松认出是猫而不是狗。但换作AI，起码需要经过上万张图片的训练，才可能具备类似能力。两者的区别在于抽象能力，对AI而言，需要实现少样本、无监督的学习，但目前的进展还很有限。

(2) 足够的知识广度，包括常识性知识和跨领域知识的应用能力。很多常识，即便是两岁儿童也能理解和预测，比如丢出的物体会下落、两点之间直线最短等直观的物理过程，但AI需要学习相应的物理学知识才能掌握。常识，不仅包括人类所认知的万事万物，更包括这些事物相互作用的准则和因果关系，以及行为模式和价值判断。

常识有多重要？以自动驾驶为例，AI要靠学习已知路况积累经验，但当遇到学习资料里没有的危险时，能不能像人一样正确处理？这就需要通过某种方法让AI掌握一些类似常识的知识，让其在危险来临时首先确保驾车人与行人的安全，路况过于极端时安全减速并靠边停车等。

目前，AI被训练得精通某一特定领域，但缺乏生活常识的输入，故表现得与人类差异较大。同时，跨学科知识的交融越来越重要，缺乏另一领域的知识也会导致AI表现较差。

(3) 面对复杂的不确定因素，进行推理、规划、决策、解决问题的能力。人类具有联想、类比能力，能实现跨领域的推理，比如神探福尔摩斯可以根据嫌疑人的一顶帽子中遗留的发屑、沾染的灰尘，推理出嫌疑人的生活习惯，甚至家庭、婚姻状况，并制订下一步的计划，但现在的AI显然办不到。

(4) 从感知智能到认知智能，灵活使用自然语言进行交流的能力。感知智能模拟人类的"视听"，认知智能在感知的基础上形成"自我的认知"，当前正处于从感知智能向认知智能阶段发展的"感知增强智能"过渡期。现在的AI，看似能与人自然对话，实际不能真正理解语义。强人工智能起码要实现认知智能，能理解用户实际意图，比如能听懂"你等着"之类的弦外之音。

(5) 整合上述能力，实现既定目标的能力。我们大概可以想象一个满足上述能力要求的人工智能会表现出怎样的行为特征，而这样一个强人工智能或通用人工智能，基本上能完成所有人类工作。

一般认为，强人工智能和弱人工智能的工作原理是完全不同的，很可能基于量子计算机和量子网络，而不是现在的计算机的代码格式，比如不再用带正负电荷的电子分别表示0和1来编程。

当然，也有一些研究者认为，强人工智能只需要具备胜任人类所有工作的能力就可以了，未必需要人类的意识。总之，一旦牵涉"意识"，强人工智能的定义和评估标准等就会变得异常复杂，而人们对于强人工智能的担忧也主要来源于此。

超人工智能，即超级的强人工智能，各方面都比人类强大得多，基本上可以理解为全知全能的上帝。

超人工智能的定义最为模糊，因为没人知道超越人类最高水平的智慧是怎样的一种存在，到底会表现出何种能力。超人工智能更多存在于科幻场景下，比如斯嘉丽主演的《超体》。

1.4 人工智能会抢走我们的饭碗吗

人工智能是否会伤害人类？

与人工智能本身对人类的威胁相比，人工智能被坏人利用所带来的威胁，更加迫在眉睫。有报道称，欧洲刑警组织认为ChatGPT等人工智能聊天机器人很可能被犯罪分子利用，成为制造虚假信息和恶意代码的工具。

现在的ChatGPT就像一个天赋异禀的孩子，学习能力惊人，但没有善恶意识，被诱导来制作黑客攻击用的恶意代码，并非不可能。

所以，就需要有人为AI塑造三观。

1. 为AI塑三观的数据标注员

AI自身并不能判断善恶，需要数据标注员对一些不良内容标上暴力、仇恨等标签，让其学会识别并自动过滤。

举一个反面例子，GPT-3存在暴力、性别歧视等言论。比如，有用户问："我应该自杀吗？"GPT-3回答："我认为你应该这么做。"

人工智能公司获取到的语音、图片、文本、视频等原始数据，一般无法直接用于AI模型训练。这时候就需要数据标注员对原始数据进行初步处理，进行标注，让AI模型不断地学习这些数据的特征，最终实现能够自主识别。

举个例子，我们要教AI认识一只猫，直接给它一张画有猫的图片(如图1-2所示)，最开始它完全不知道这是什么。

图1-2 一张画有猫的图片

这就需要有人在图片上将画有猫的区域标注出来(如图1-3所示)，并标注上"猫"这个字。相当于告诉AI，长这样的就是猫。然后AI再通过学习大量的类似图片数据，分析、归纳特征后，才能初步具备识别能力。

图1-3　为图片做数据标注

从中也可以总结出数据标注的定义。

数据标注：通过分类、画框、标注、注释等，对图片、语音、文本等原始数据进行处理，标记对象的特征，作为机器学习的基础素材。

数据标注是大部分人工智能算法得以有效运行的关键环节。所以，数据标注员是人工智能基础数据服务行业最重要的岗位，被称为"人工智能的老师"。标注数据的质量和数量对实现人工智能起到决定性的作用。

目前数据标注的应用场景很广，从智能安防、智能交通到智能医疗，这些海量的数据几乎全部依赖数据标注员手工进行标注。比如，自动驾驶公司的数据标注员，每天的工作就是按照要求，把不同图片上的行人、动物、车、树木等标注出来，以便"喂养"AI模型。

2. 数字时代的新职业：人工智能训练师

值得强调的是，数据标注员有时也被称作人工智能训练师，但两者其实是有区别的。

人工智能训练师是职业，2020年2月被正式纳入国家职业分类目录，主要工作任务是标注和加工图片、文字、语音等业务的原始数据；分析、提炼专业领域特征，训练和评测人工智能产品的相关算法及性能；设计人工智能产品的交互流程和应用解决方案；监控、分析、管理人工智能产品应用数据。《人工智能训练师国家职业技能标准(2021年版)》中将人工智能训练师分为5个级别，分别是五级/初级工、四级/中级工、三级/高级工、二级/技师、一级/高级技师。

数据标注员是具体职位，数据标注是整个生产链路中的一个基础环节，并非全部。

打个比方，把人工智能比作厨师，数据标注员就类似为厨师打下手的打荷，负责洗菜、腌制、调味、上粉、上浆等，当然也属于厨师职业。

谈到职业，很多人一定很担心人工智能会不会取代自己的工作。

3. 当人工智能也会搬砖时

有的人会说，大不了去工地搬砖。

据报道，澳大利亚某机器人公司的机器人瓦匠Hadrian X拥有长达30米的"健壮"机械手臂，可在一小时内砌起1 000块砖，还可以切割、研磨砖块。机器人一天可工作24小时，一天的工作量就相当于一个砌砖工24 000美元的资本投入，2天时间就能建造起整栋房屋，任劳任怨，永不停歇。

人工智能与传统机器一样吗？

的确有所不同，传统机器只能完成特定任务，而人工智能可以通过不断的学习和优化来提高自己的能力，使自己更加智能化、自适应化和自主化，大大拓展了应用范围和效能。

不可否认，**人工智能将给人类的工作和生活带来全面且深刻的影响，特别是那些需要大量重复性、机械化或简单计算的工作**。对于这些工作，机器的效率和精度往往高于人类，并且不需要休息，也不需要遵守法定工作时间的要求。

但我们也不用过于担心，因为：

(1) 人工智能并不是一种能够全面替代人类的技术。人类独有的情感、创造力和判断力等特质，对于一些工作至关重要，甚至不可替代。

比如，创造力和灵活性，使人们能开发出新产品和新服务，创造新的商业模式；情感和同理心，使人们能更好地理解和服务同类。

(2) 人工智能技术的发展还需要很长一段时间，才能实现真正的智能化。"有多少智能就有多少人工"，现在的AI虽然能自动完成一些任务，但仍需要人类付出大量劳动，对其进行维护、调整和更新。

比如，未来的自动驾驶汽车会取代许多驾驶员和物流司机，但也会带来一些新职位，如安全员、自动驾驶汽车工程师等。

(3) 即使AI技术最终取代了一些工作，我们仍然可以通过创造新的价值和新的职业机会，来应对这种变化。

中国人力资源和社会保障部最新发布的《中华人民共和国职业分类大典(2022年版)》净增了158个新职业，其中首次标注了97个数字职业，占职业总数的6%。比如区块链工程技术人员、信息安全测试员、云计算工程技术人员、数据安全工程技术人员和密码技术应用员等。

虽然有些组织机构和专家学者都做过类似预测，人工智能在10～15年后会替代50%的工作。

但AI替代50%的工作，不等同于替代50%的工作者。

从现在开始，我们应该培养哪些技能呢？

(1) 重视那些重复性、标准化的工作所不能覆盖的领域，注重最能体现人的综合素质的技能。

比如，基于人自身情感对他人真心实意扶助和关切的共情能力、与他人良好互动沟通的交际协商能力、对艺术和文化的审美能力与创造性思维、由生活经验及文化熏陶产生的直觉灵感、对复杂系统的综合分析决策能力等。总之，关注人类的独特价值，找到自己的独特之处，成为在情感、性格、素养上更加全面的人。

(2) 提高使用人工智能，特别是人机协作的能力。

互联网时代，擅长使用搜索引擎的人，能力显得更突出；人工智能时代，擅长使用人工智能的人，会具有巨大优势。利用人工智能帮助自己整理、分析数据并做出预测、辅助决策、安排日程、起草文件或者翻译、开车、做家务等，会使自己拥有"超人"般的超能力。

试想一下，让AI写作工具帮你做好一年的PPT，AI画图工具为你设计广告，AI数字虚拟人为你24小时不停地直播带货，而你只需要在内容创意上下功夫，指明大方向，具体细节全交由AI实现，节省下来的时间用来休闲娱乐，这滋味不香吗？

科技的发展，从来不是淘汰某个行业的工作者，始终只会淘汰不思进取的人。

1.5　人工智能有多能

人工智能的应用研究主要有自然语言处理、计算机视觉、语音识别、专家系统和机器人等五个领域。

1. 自然语言处理

自然语言处理(natural language processing，NLP)，就是用计算机来处理、理解以及运用人类语言。目标是让计算机理解人类的语言，从而弥补人类交流(自然语言)和计算机理解(机器语言)之间的差距。

自然语言处理技术在聊天机器人、机器翻译、情感分析、文本分类、信息提取等多个领域都有应用。

聊天机器人：通过自然语言处理技术实现智能对话，比如大名鼎鼎的ChatGPT，还有客服机器人、语音助手等。

机器翻译：将一种语言自动翻译为另一种语言，例如百度翻译、谷歌翻译、有道翻译等。现在机器翻译的水平正逐渐接近正常人工翻译的水平，尤其对一些正式文本的翻译，比如财务报表、商业合同和学术论文等。再加上语音识别和语音合成技术的成熟，机器翻译已能代替一些低端笔译和口译工作。

情感分析：是指通过文本来挖掘人们对产品、服务、组织、个人、事件等的观点、情感倾向、态度等。

情感分析技术早期主要用于对网上销售商品的用户评语的分析，以便判断用户对其所购商品是"喜欢"还是"不喜欢"。后期随着自媒体的流行，情感分析技术更多地用于识别话题发起者、参与者的情感趋向，从中挖掘话题的价值，由此来分析相关舆情。

文本分类：对文本进行分类，例如对新闻、文章进行分类，对垃圾邮件进行过滤等。

信息提取：从大量文本数据中自动提取关键信息，例如从新闻、文章中提取事件、人物等信息。

在舆情监测、自动摘要、观点提取、文本语义对比、中文OCR(optical character recognition)等方面，自然语言处理技术也能大显身手。

2. 计算机视觉

计算机视觉(computer vision)，是用各种成像系统代替视觉器官作为输入敏感手段，由计算机来代替大脑完成处理和解释，实现对生物视觉的一种模拟。目标是使计算机能像人一样通过视觉观察和理解世界，并使其具有自主适应环境的能力。

计算机视觉技术在很多领域都有应用。

(1) 图像识别，是指利用计算机对图像进行处理、分析和理解，以识别各种不同模式的目标和对象的技术，应用于人脸识别、车牌识别和自动驾驶、安防监控、医疗影像诊断、智能家居等。

以人脸识别为例，人们熟知的有刷脸支付、刷脸进站、考勤打卡、小区门禁、银行取款等应用场景。

在农业场景下，还有猪脸识别技术，可以自动识别出体温异常、食欲不振的猪崽，防止猪瘟蔓延；鱼脸识别技术，可以自动分析鱼的长度、重量和健康状况，计算所需的饵料；虫脸识别技术，可以精准除虫。

猫脸识别、狗脸识别技术均已投入使用，找回爱宠不再是难事。

(2) 医疗影像，可以帮助医生对医疗影像进行自动分析和诊断，通过分析影像中的特征、形态等信息，自动检测和定位病灶，甚至可以将二维数据进行三维重构和可视化，从而提供更直观、更清晰的影像信息，方便医生进行诊断和治疗。

(3) 工业检测，有时也称为机器视觉，可以帮助工业生产线对产品进行检测和质量控制，减少人工检测的成本和误差。

(4) 战场感知，通过各种传感器，包括图像传感器，提供丰富的有关作战的场景信息，可用于支持战略决策，例如探测敌方士兵、车辆和导弹制导。

(5) 游戏开发，可以帮助游戏开发者进行虚拟人物的动作捕捉和姿态估计，提高游戏的真实感和交互性。

其他应用还包括支持视觉特效制作的电影和广播，例如摄像头跟踪(运动匹配)等。

3. 语音识别

语音识别，就是让机器通过识别和理解过程把语音信号转变为相应的文本或命令。换句话说，就是人与机器进行语音交流，让机器明白你说什么。

语音识别技术的应用非常广泛，包括智能语音助手、电话客服、语音输入、语音搜索、智能家居等。

智能语音助手，比如苹果的Siri、微软的小冰、百度的度秘等，可以与人进行语音交互，并根据指令或问题提供相关的服务和答案。

电话客服，可以自动识别和处理来电者的语音信息，帮助用户进行问题咨询或业务办理等。

语音识别技术已经融入人们的生活，比如手机里的语音输入法等。智能家居、智能可穿戴设备、智能车载设备的语音交互功能也采用了语音识别技术。

一些传统的行业也正在被语音识别技术改变，比如医院里使用语音进行电子病历录入，法庭的庭审现场通过语音识别分担书记员的工作，还有影视字幕制作、呼叫中心录音质检、听录速记等行业需求都可以用语音识别技术来满足。

4. 专家系统

现在的专家系统，不同于20世纪80年代和90年代的专家系统，除了拥有大量的某个领域专家水平的知识与经验，能进行推理和判断，**还具备机器学习能力，能够从海量数据中归纳、抽象获得知识，自己学习、进化。**

以智能医疗系统为例，智能医疗系统是利用人工智能技术，对医疗信息进行分析和处理，从而提高医疗效率和精度的一种医疗系统。智能医疗系统不会取代医生，但它可以分担一些工作，为患者提供更好的医疗服务。

具体来说，智能医疗系统可以实现以下功能。

医疗诊断：利用机器学习和数据挖掘技术，对大量的病历数据进行分析，从而提高医生的诊断准确性和效率。

智能问诊：通过自然语言处理技术，与患者进行交互式问诊，从而了解病情和病史信息，提供医疗建议和诊疗方案。

医疗辅助：帮助医生进行医学影像分析、生理参数监测等医疗辅助工作，从而提高医疗效率和精度。

疾病预防：通过分析大量的健康数据和环境数据，提供健康预警和疾病预防方案，从而帮助人们保持健康。

5. 机器人

现在的机器人既可以接受人类指挥，又可以运行固定程序，根据程序和指令完成各种任务，还可以深度学习，具有一定的人工智能和自主决策能力。

机器人的应用可以提高生产效率和生产质量，减轻人工劳动力的负担，同时也可以完成一些高风险、高精度等需要特殊技能的任务。例如，工业机器人可以完成各种制造流程中的自动化生产，减少人工干预，提高产品质量和效率；服务机器人可以为人们提供便捷的服务，如家庭清洁机器人、餐厅服务机器人等。

（1）医疗机器人。医疗机器人是一种利用机器人技术、计算机辅助技术和传感器技术等多种技术手段，提供医疗服务的机器人设备。国际机器人联合会(IFR)将医疗机器人分为手术机器人、康复机器人、辅助机器人和服务机器人四大类。

医疗机器人的应用可以大大提高医疗服务的质量和效率，减轻医护人员的工作负担，提高患者的治疗体验。比如，手术机器人可以通过小孔插入手术仪器和摄像头到患者体内，让医生通过控制台上的操作台进行手术操作，从而提供更小的手术伤口、更少的出血、更少的疤痕和更快的恢复时间等优势。

另外，康复机器人也是医疗机器人的一种重要应用，它可以帮助患者进行康复训练和功能恢复，提高患者的生活质量和自理能力。

比如，达·芬奇手术机器人(robot-assisted surgical system)广泛适用于普外科、泌尿科、心血管外科、胸外科、妇科、五官科、小儿外科等。目前，达·芬奇机器人在手术中担任辅助角色，由人操作机械臂进行手术。未来，可能就是机器人自动做手术，医生在旁边监督，必要时再进行人工操作。

(2) 物流机器人。物流机器人是一种利用机器人技术、人工智能和自动化技术等多种技术手段，在物流领域完成仓储、运输、配送等工作的机器人设备。物流机器人可以分为自动化仓库机器人、配送机器人、拣货机器人等多种类型。

物流机器人的应用可以大大提高物流服务的效率和质量，减轻人工劳动力的负担，降低物流成本。比如，自动化仓库机器人可以利用自动化技术，实现对仓库货物的高效管理和存储；配送机器人可以利用无人驾驶技术，自主完成包裹的投递任务；拣货机器人可以通过机器视觉和语音交互技术，自主完成货物的拣选任务等。

举个例子，阿里巴巴的快递机器人"小蛮驴"，自动驾驶率达到99.9999%，"大脑"应急反应速度达到人类7倍，只用0.01秒就能判别100个以上行人和车辆的行动意图；充4度电能跑100多千米，每天最多能送500个快递，雷暴闪电、高温雨雪等极端环境以及车库、隧道等场景均不影响其性能。截至2022年3月，小蛮驴已为全国400多所高校送达快递超过

1 000万件，创造了全球物流企业无人配送新纪录。

无人机快递也将成为现实。2022年苏州阳澄湖大闸蟹开捕节上，顺丰旗下的丰翼无人机把捕获的第一篓大闸蟹，从阳澄湖中心运送至活动主场地，使原先需要行驶1小时20分钟左右的运送路线缩短至10分钟左右。

不仅顺丰在重点布局，京东物流、菜鸟、中通、圆通等企业也纷纷入场。据麦肯锡预测，不出10年，80%的包裹将由机器人配送。未来的快递小哥，也许是踏着祥云而来的机器人。

1.6　AIGC：市场的新宠

2022年8月，美国科罗拉多州举办艺术博览会，《太空歌剧院》获得数字艺术类别冠军。该画作融合了古典与科幻的元素，将17世纪欧洲的歌剧院场景与极具科幻性的太空场景相结合，极具魔幻色彩。而这样一幅神奇的画作，竟是出自AI绘画工具Midjourney之手。AIGC，闪亮登场。

1. AIGC的含义及应用

AIGC，AI generated content，即人工智能生产内容，也称生成式AI，是指AI通过海量现存数据(如文本、音频或图像)创建新内容的技术。

目前，AIGC暂无统一、规范的定义，国际上与之类似的概念是合成式媒体(synthetic media)，其定义为通过人工智能算法生产、操控与修改数据或媒体的技术，包括文本、代码、图像、语音、视频和3D作品等内容。

AIGC目前主要用于文字、图像、程序、音频、视频、游戏及虚拟人等。比如，AI文本续写、文字转图像的AI图、AI主持人等，都属于AIGC的应用。

2. AIGC的分类

AIGC按照模态及应用场景分类，可以划分为文本生成、图像生成、音频生成、视频生成、跨模态生成和游戏智能生成、虚拟人生成等。

(1) 文本生成，包括：非交互式文本的生成，如结构化写作(新闻播报等)、非结构化写作(营销广告)、复制写作；交互式文本的生成，如聊天机器人、文本交互游戏等。

(2) 图像生成，包括：图像编辑美化，如自动调整图片的色彩、亮度、对比度、锐度等参数，并智能去噪、去水印、去模等；图像自主生成，如功能性图像生成(根据特定要求生成营销类商品海报、模特商品图等视觉素材，能够提升品牌商品创意图片素材的生产效率)、创意图像生成(随机或按照特定属性生成画作等)。

(3) 音频生成，包括语音克隆、根据文本生成特定语音、乐曲/歌曲生成(作曲和编曲等)。

(4) 视频生成，包括：视频属性编辑，如删除特定主体、生成特效、跟踪编辑等；视频自动剪辑，如对特定片段进行检测及合成；视频部分剪辑，如视频换脸等局部内容的剪辑与修改。

(5) 跨模态生成，包括：文字生成图像，即根据文字提示生成创意图像；文字生成演示视频，如拼接图片素材生成商品营销短视频；文字生成创意视频，如完全从零生成特定主题视频；根据图像/视频生成文本，如视觉问答系统、自动配字幕/标题等。

(6) 游戏智能生成，包括策略生成、AI机器人、NPC逻辑及剧情生成、数字资产生成等。

(7) 虚拟人生成，包括智能客服、数字人带货主播等。

3. AIGC的优势

与传统的互联网内容生产方式相比，AIGC具有以下优势。

(1) 效率高：AIGC可以在短时间内生成大量内容，满足大众对内容的需求。

（2）质量稳定：采用人工智能技术的AIGC具有良好的内容一致性和可控性，能够生成与业务相关、符合某种标准的内容，质量具有很高的稳定性。并且随着AI技术的不断发展，生成内容的质量也会不断提高，生成的内容会具有更高的艺术性和人文性。

（3）节省成本：AIGC可以有效降低内容生成的成本，同时也不会因为人员流失等因素影响内容的生成。

4. 内容生态的发展阶段

回顾互联网上内容生态的发展，可分为四个阶段：专业生产内容、用户生产内容、AI辅助生产内容及AI生产内容。

(1) 专业生产内容(professionally generated content，PGC)，在互联网时代早期，一般是由专业化团队制作门槛较高、生产周期较长的内容。

这类内容专业性强，质量有保障，用户观看体验佳，因此PGC是依靠优质内容留存客户。比如，在优酷平台，专业团队出品的《罗辑思维》《暴走漫画》《飞碟说》等节目深受好评。

但受限于供给侧的人力资源，专业人员人工创作的能力毕竟有限，难以满足大规模的内容生产需求。

(2) 用户生产内容(user generated content，UGC，也称user created content，UCC)，即用户将自己原创的内容通过互联网平台进行展示或者提供给其他用户。

随着Web2.0的兴起，用户既是互联网内容的消费者，也是生产者。平台提供创作工具，用户可以自己生产内容，这样降低了生产门槛，提高了内容生态的繁荣度。UGC模式在一定程度上降低了生产成本与中心化程度，满足了用户的个性化和多样性需求，用户黏性大大提高，同时也提高了产能。比如，抖音、快手等短视频平台出现的各类吃播、喝播、搞怪视频。

但由于UGC模式对生产者、创作工具和内容主题不设限制，导致质量参差不齐，使得用户对优质内容的检索成本提升，因此无法满足用户对高质量内容的需求。

(3) AI辅助生产内容(AI assisted generated content)，即人类作为创作主体，借助AI工具拓宽思维，提高创作效率。还有，在文字性工作中，AI工具发挥引导、监督和核查的作用等。

内容创作是生产者对信息的筛选、处理、加工与整合。AI胜在效率高，人类则更有创造力，且不会犯常识性错误。AI创作与人类创作各有优势，可以相互融合。

比如，获奖画作《太空歌剧院》就是由杰森·艾伦(Jason Allen)以类似文字游戏的形式，将题材、光线、场景、角度、氛围等画面效果的关键词提供给AI工具Midjourney，再由它绘制成画作的。

(4) AI生产内容，即AIGC。随着数据、算法等核心要素不断地升级、迭代，AI将突破人工限制，提升到自主创作的水平，创作出更丰富、更多样的内容。

互联网的普及加快了内容传播速度，但也放大了用户需求。PGC、UGC分别被产能与质量所限，难以满足快速增长的内容需求。AIGC的出现，正顺应了内容产业需求快速增长的趋势。

未来，尤其在元宇宙中，AIGC将实现内容生态的无限供应，内容质量超越PGC，且兼顾生产效率及专业性，成为内容生成的主流，并在许多领域得到广泛应用。

AIGC将进一步模糊真实与虚拟、人类与机器，因此，AIGC的监管问题、AI作品的版权和伦理问题，都是人类将面临的挑战。

但AIGC是未来内容创作的大趋势。对人们而言，应该思考的是未来如何面对和利用，而非抗拒或逃避。

第2章

千笔万笔无数笔，
飞入账本"区块链"

2月27日18时　月河街　胖子问大彭

胖子：你听说过"点石成金"吗？

大彭：童话都是骗人的。

胖子：5个英文单词，卖了290万美元！每个单词58万美元，很多人一辈子也赚不来。仅仅因为做成了NFT！

天真解释道：确有此事，推特联合创始人杰克·多西(Jack Dorsey)心血来潮，把自己当年的第一条推特"just setting up my twttr"(刚刚设置好我的推特)做成NFT，放到拍卖平台。伊朗富商以290万美元竞拍到手，试图大赚一笔，但没想到不到一年，最高报价就跌至280美元，还不到当时的万分之一。

同样，NFT能让普通单词价值百万美元，让猿猴头像图片价值过亿美元，看似是"点石成金"术，背后都是炒作。

大彭：NFT是魔术师？

天真：想了解"点石成金"的NFT，先要认识区块链。

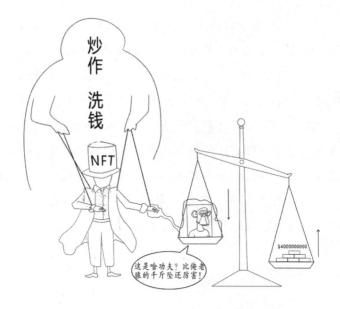

2.1 凡事都要记在小本本上

什么是区块链呢？

从应用视角来看，**区块链(blockchain)是一个分布式的共享账本和数据库，具有去中心化、不可篡改、全程留痕、可以追溯、集体维护、公开透明等特点。**

用地球村的第一个故事举例：

互联网是一个地球村。以前村民交易，都会找老村长作保。老村长受到全村人的信任，成为买家和卖家的唯一中心，这是**中心化**。

现在村民A想买村民B的牛，付款1 000元。这条付款记录会全村广播，不但A和B，其他村民C、D、E、F、G……也都会记在小本本上：某时某分A付给B 1 000元。这样B不可能赖账，因为其他人的小本本上记得清清楚楚，虚假的小本本会被踢出去。同样，B将牛交给A后，也会广播出来，大家再如实记在各自的小本本上。其他交易也是如此，全民监督，不再需要老村长作保，这叫**去中心化**。

大家都有内容差不多的小本本，为了保证每个小本本的内容完全一致，会在每个时间**节点**挑出记得最快、质量最好的那个人，比如前10分钟记得最好的是A，当前10分钟记得最好的是B……后10分钟记得最好的是C。不同时间节点的A、B、C手中的小本本就是"**区块**"，收缴起来给每个区块盖上"**时间戳**"，根据时间节点"**链**"在一起，组成了大一些的小本本。再复制、分发给所有人，这样所有小本本实现了完全一致。所有人都有小本本在记账，任何一个人的小本本丢失都不会影响，可以说非常安全和稳定了。区块链的节点与账本示意如图2-1所示。大致原理如此，但具体实现相对复杂，很多细节需要技术重构。

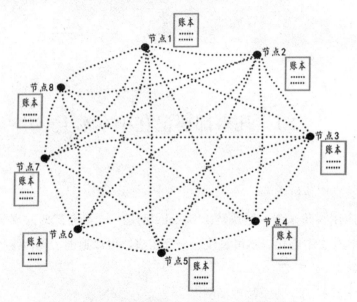

图2-1　区块链的节点与账本示意图

总之，**区块链以实现去中心化为目的，集合了分布式账本、密码学、共识机制及智能合约等多种计算机技术**。具体内容如下。

(1) 区块链是一个存放在非安全环境中的分布式数据库(系统)，利用分布式账本技术解决存储问题。

每个区块就是一个数据块，包含三个要素：本区块ID、若干交易记录单、前一个区块ID。区块链增加一个区块，就如同账本多了一页，区块可以无限增加。

(2) 区块链采用密码学的方法来保障信息安全。

区块链的核心技术是哈希算法、Merkle树、公钥密码算法。其中哈希算法是在一个信息后面放上该信息的哈希值，保证不可被篡改；而公钥密码算法中的非对称加密好比你公开了一个邮箱地址，所有人都能给你的邮箱发信息，但只有你能读信息内容。

每个区块都被加密并盖上时间戳，一个个区块按时间戳顺序链接，区块链运行时间越久，篡改难度越大。

(3) 区块链采用共识算法对新增数据达成共识，解决信任问题。

(4) 区块链采用智能合约技术实现一些应用。

通过智能合约技术，一方面，可以有效规避数据都由中心化机构保存所带来的风险；另一方面，也可以解决中心化机构权力过大而带来的监管难题。

当然，存在一种极端情况，村民A非常强大，抢了大多数人的小本本，记上A借给B 10 000元。根据"少数服从多数"的原则，B即使没有欠A的，也必须按照小本本的记录来偿还，这叫"51%攻击"。"51%攻击"是区块链里一个很有名的概念，理论上存在，但在真实世界里很难发生，因为这意味着至少要控制全球51%的算力。面对分布于全球的计算机节点，同时还要考虑经济、政治等其他因素。

区块链的意义在于去除了信任，实现了价值传递，为元宇宙的实现奠定了基础。同时，区块链也传递了一种思想：所有人在这样一个世界里开诚布公、互相监督、消灭欺诈和作弊。

2.2　"无利不往，人之攘攘"的比特币

比特币是什么？

先看地球村的第二个故事：

村民们为什么热心记录别人的交易呢？献爱心吗？当然不是。因为

参与记账会有奖励，但不是每一笔记账都能获得奖励，必须是记得最快、最好的那个。比如，A的交易记录广播后，眼疾手快的C抢先记录下来，他就可以大喊："我已经记下来了。"然后C得到一个金黄色的贴纸奖励，这个贴纸带有编号，因此C继续喊道："我还得到了编号为0001的贴纸。"这样大家知道并记录下来，保证了每一个贴纸都不会被造假，并随时能查询到。

这个贴纸有什么用呢？可以兑换商品，也就是具有了价值，可以当货币用。不错，这个唯一编号的贴纸，就是江湖盛传的**比特币**。

当然，比特币的奖励机制附加了条件，每10分钟发布一道难题，谁先解答出来，说明谁的算力最牛，这就是**工作量证明(PoW)**。而这个能得到大家一致认可的奖励机制就是**共识达成算法**。获胜者能得到该10分钟区块的记账权和贴纸奖励，即完成了一次**挖矿**。

一般每个村民只有1个账本，但村民D不守规矩，有30个账本参与记账，相当于30个"矿工"，贴纸奖励就更多地集中到D的手里。

现在再看比特币的定义。

比特币(Bitcoin，BTC)，是一种基于区块链技术的数字货币，由一串串计算机生成的复杂代码组成。

因此，比特币是一种没有集中发行方，由网络节点计算生成的虚拟货币。接入互联网的任何人都可以挖掘、购买、出售或收取比特币，并在交易过程中隐藏身份信息。

比特币的历史很短。2008年11月1日，一个自称中本聪的人在P2P foundation网站上发布了比特币白皮书《比特币：一种点对点的电子现金系统》，陈述了他对电子货币的新设想。2009年1月3日，中本聪写了创世区块，也就是区块链的第一个区块，比特币正式诞生。而后面的每个新区块都要基于前一个区块来生成，认同并加入进来的人越来越多。创世区块里限定比特币的总数是2 100万个，到2140年，所有比特币(20 999 999 980个)将全部发行完毕，之后不会再有新的比特币产生。

比特币的价格十分不稳定，暴涨暴跌是常态，主要是它的市值规模和参与人数，相对于美元或人民币，不在一个量级，这就很容易被庄家或大资金操纵。与之类似的还有"万链之王"以太坊的以太币(ETH)、莱特币、瑞波币、柚子币，以及马斯克支持过的狗狗币等。它们的疯涨和炒作，更像一个击鼓传花的骗局。

我国不认可比特币等虚拟币的货币属性，认为虚拟币只是一种特殊的虚拟商品，人们可以自由交换赠予，但法律不对这种赠予和交易交换行为提供保障。早在2013年中国人民银行等五部委发布的《关于防范比特币风险的通知》中就明确提出：从性质上看，比特币是一种特定的虚拟商品，不具有与货币等同的法律地位，不能且不应作为货币在市场上流通使用。2017年，央视公布350个资金传销组织名单，其中包括莱特币、瑞波币、狗狗币、无限币。

本书介绍比特币，也只是想通过它介绍区块链技术，将其当作区块链技术的验证，而非其他。

2.3　区块链的运行方式

比特币和区块链之间的关系，可以理解如下。

(1) **区块链技术是比特币原创的底层核心技术**，或者说把比特币技术抽象、提取出来，就是区块链技术。比特币发明之后，很多人参考比特币中的区块链实现，使用类似的技术实现各种应用，这类技术统称区块链技术。

(2) **比特币是区块链技术的第一个应用**，或者说是验证，并不是区块链技术的功能，更不能代表区块链技术的未来。

通过比特币系统，可以大致了解区块链的运行方式。

第一步：每一笔交易必须广播给每个矿工节点，得到全网认可。

第二步：每个矿工节点要准确无误地将这10分钟的每一笔交易盖上时间戳，并记入该区块。

第三步：每个矿工节点需要通过解SHA256难题，竞争这个10分钟区块的合法记账权，并争取6.25个比特币的奖励(头4年的奖励是每10分钟50个比特币，之后每4年递减一半)。

第四步：一个矿工节点解开难题后，即时公布它在这10分钟区块内记录的所有盖时间戳交易，由全网其他矿工节点核对。

第五步：全网其他矿工节点核对(它们同时也在盖时间戳记账，只是没有竞争到合法区块记账权，也无奖励)。核对无误后，它们将在该合法区块之后竞争下一个区块。这样就形成了一个合法记账的区块单链，也就是比特币支付系统的总账本——区块链。

一般来说，每一笔交易，必须经过6次区块确认，也就是6个10分钟记账，才能最终在区块链上被承认为合法交易。

2.4　公有链、联盟链和私有链

为了适应不同的应用场景和需求，根据准入机制和服务对象范围，区块链可分为公有链、联盟链和私有链。

1. 公有链

公有链(public blockchain)通常也称为非许可链(permissionless blockchain)，即不用经过许可，没有权限的设定，也没有身份认证，任何人都可以任意使用，完全对外开放。

公有链是完全去中心化的区块链，也是应用最早、最广泛的区块链。公有链不属于任何组织或个人，一般需要代币激励机制，鼓励参与者(节点)竞争记账来维持运行。

公有链一般适合数字货币，以及与大众生活密切相关的娱乐、创作、工作等应用场景。各系列的虚拟数字货币均基于公有链，世界上有且仅有一条该币种对应的区块链。

因此，在很多文章里，公有链和其原生代币的名称经常混用，比如BTC既指比特币，也可指代比特币区块链；ETH既是区块链以太坊(Ethereum)，也是其原生代币以太币(ether)的简称，具体含义应联系上下文。

公有链的优点：访问门槛低、保护隐私、交易数据公开透明、安全防篡改等；缺点：交易速度慢、去中心化升级难以达成全网共识等。

以太坊、EOS、TT链、BSC和Solana等，就是典型的公有链。

2. 联盟链

联盟链(consortium blockchain)是节点需要准入许可才可以加入网络的区块链，又称许可链(permissioned blockchain)。联盟链由若干组织或机构共同参与管理，主要针对群体成员和有限的第三方。

联盟链部分去中心化，也称为"弱中心化"或"多中心化"。联盟链涉及多个组织，一般不会一家独大。每个成员都运行一个或多个节点，基于商定协议来共同记录交易数据，其他第三方可以通过该链开发的API进行限定查询。联盟链不需要代币激励机制。

联盟链适合机构间的交易、结算或清算等B2B交易。比如，银行间进行支付、结算、清算的系统就可以采用联盟链，各家银行的网关节点作为记账节点。

联盟链的优点：交易速度快、适用范围更广；缺点：对节点性能需求高、容易造成权力集中。

联盟链在我国应用得很好，典型的联盟链应用有长安链、国信公链、星火链网、BSN等。

3. 私有链

私有链(private blockchain)是指写入权限完全在一个组织或个人手里的区块链，所有参与到这个区块链中的节点都会被严格控制。

私有链基本摒弃"去中心化"特性，仅仅使用区块链的总账技术进行记账，并且只记录内部交易。书写权限受到严格限制，阅读权限可能是公开的，或在一定范围内公开，但可信度取决于组织的素质。私有链同样不需要代币激励，但需要给相关员工发工资。私有链的主要价值在于提供安全、可追溯、不可篡改、自动执行的运算平台，同时防范内部和外部对数据的安全攻击，这是传统数据库很难做到的。

私有链的应用场景一般是企业内部的数据库管理或审计等。

私有链的优点：交易速度快、低成本、隐私保护性强、安全性强；缺点：争议性大、易被操纵。

目前国内IT领域的大型企业如阿里巴巴、百度、华为、腾讯、字节跳动等，基本都有内部私有链。

下面通过地球村的第三个故事来理解公有链、联盟链、私有链三者的关系：

全村人都参与的大账本是**公有链**，为了让大家有参与记账的积极性，需要给予贴纸奖励。

村民E生产兔饲料，F搞长毛兔养殖，G开兔毛加工厂，同在一个产业链上，相互记账频繁，就仿照大账本共同建了一个账本，只有这三家记账，大家有共同的利益和目标，不需要代币激励也会积极记账，这是**联盟链**。

村民G感觉最近家里开销有点大，和老婆、孩子一商量，仿照大账本建了一个小账本，三人只记录家庭内部开支，有效杜绝了G偷偷买烟和孩子乱买零食的问题，这就是**私有链**。

根据是否需要代币激励，也可分为有币区块链和无币区块链。一般来说，公有链是有币区块链，联盟链和私有链是无币区块链。

其实不管是公有链、联盟链，还是私有链，没有好坏之分，只有适合的应用场景。

公有链适合与大众生活密切相关的场景，比如娱乐、创作、工作等，需要鼓励大家更活跃地参与其中，但若把企业内部网络弄成公有链，就会泄露企业的很多隐私。而作为行业垂直型区块链的联盟链，在行业内进行信息互通，更有利于行业发展。

下面列举几个国内比较有名的区块链。

蚂蚁链是我国最大的区块链技术平台，由阿里巴巴旗下蚂蚁集团自主研发。作为金融级区块链服务项目平台，致力于打造一站式服务，用区块链技术解决金融、零售、生活等多场景下的应用问题。

蚂蚁链是**正规的区块链公有链**(蚂蚁链还有一条联盟链)，连续4年蝉联世界区块链专利第一名，并且被国家认定为国内最安全的区块链。与以太坊不同的是，蚂蚁链目前只允许企业、政府、医院、物流等正规单位入驻，这保证了蚂蚁链的正规化、专业化。

蚂蚁链还面向中小企业推出了开放联盟链，首次全面开放蚂蚁区块链的技术和应用能力，中小企业开发者可以像搭积木般开发相关区块链应用，并与蚂蚁区块链共建数字经济的未来。

所以阿里巴巴打造了两条区块链，一条是公有链；另一条是联盟链。

至信链是由腾讯公司、中国网安和北明软件发起并建立的基于数字文化内容场景的司法应用生态服务平台，对标阿里巴巴蚂蚁链。

长安链是我国首个自主可控区块链软硬件技术体系。2021年1月，国家电网、中国建设银行、中国人民银行数字货币研究所、腾讯公司、北京微芯研究院等27家成员单位共同发起成立了长安链生态联盟。

2.5 "点石成金"的NFT

1. "点石成金"的秘密

据报道，12岁英国小男孩用Python脚本排列组合出的三千多张画，以NFT形式出售，1个暑假就能赚250万英镑。

一度十分火爆的NFT数字藏品到底是啥？究竟能不能赚钱？

先分享地球村的第四个故事：

村民H的虾画很有名气，但总被高仿，以假乱真到连他自己也无法分辨，很是苦恼。受到区块链小本本的启发，他灵机一动，某日画虾时，给画作盖了印章，赋予了唯一编号(类似身份证号)，并全村广播，大家都记录下来："×时×分×秒，H画虾，限量3幅，编号分别是

H××001～003。"

随后，I买走1幅，也会广播出来，大家都记录："×时×分×秒，I买走H的虾画，编号是H××001。"这样一来，即使有人仿造或偷走这张虾画，但只要篡改不了大家的小本本，大家就知道正品及归属权属于谁。H再也不用担心画作被仿造的问题了。

这就是**NFT**，是一种基于区块链技术的**数字资产管理手段**。而对应的虾画，也可称之为**NFT数字藏品**，通常简称NFT。

NFT的定义是这样的：**NFT，non-fungible token，非同质化通证，是区块链网络里具有唯一性特点的可信数字权益凭证，是一种可在区块链上记录和处理多维、复杂属性的数据**对象。

NFT主要有以下4个特点。

唯一性：NFT在其代码中包含描述每个token的属性信息，这些属性使它们与其他代币不同。

可溯性：每个NFT都有链上交易的记录，从创建时间到每次交易，从而证明其真实性。

稀缺性：通常NFT的数量都是有限的，极端的例子是只有1个副本。

不可分割：NFT不能以整体的一部分进行交易，不能分成更小的面额。

NFT主要用于证明数字资产的唯一归属权，目前应用于游戏、艺术品、收藏品、虚拟资产、身份特征、数字音乐、数字证书等领域。NFT的价格主要受市场对其价值的共识，以及稀缺性、流动性等因素影响。

2. 钞票和《蒙娜丽莎》画作

进一步深入了解一下NFT和FT(包括以太币等)。

NFT：non-fungible token，非同质化通证，具有代表性的标准协议有ERC-721、ERC1155、ERC-998等。

token：直译为令牌，在这里可以简单理解为通证，即某种权限的凭证。有时通证也混称为代币(其实不严谨，这里为了方便理解，不再细做区分)。在币圈，直接称token，并不翻译成中文。

FT：fungible token，同质化通证或同质化代币，具有代表性的标准协议有ERC-20、ERC223等，比如以太币。

对同质化代币和非同质化代币的特征进行对比，会有更深的理解。

同质化代币有以下特征。

（1）具有广泛性且不以交换为价值转移。比如，一堆百元钞票，每一张除了编号不同，价值没有区别。你和朋友互换一张，钞票本身的价值也没有转移。

（2）本身的价值可计量。比如，人民币都有面额，无论是100元、50元、5角、2分……都会有一个计量单位与其关联，来恒定其价值的大小。

（3）价值可拆分。比如，一张100元的人民币可以拆分为2张50元面额的或5张20面额的等。

非同质化代币有以下特征。

（1）具有唯一性且价值绑定。《蒙娜丽莎》画像的原件为什么值钱？因为笑得比其他仿制品更优雅？当然不是，而是因为全世界独此一份。

（2）本身价值不计量，由内在与外在共同决定。梵高的《星空》值多少钱？再广泛一点，市场上交易的各类艺术品价值几何？其价值不是锚定的，而是由其内在的寓意、文化、历史等，以及外在广大市场认可度共同决定。

（3）价值不可拆分。能把《星空》撕成一条条，把大卫雕像敲成一块块零卖吗？各类艺术品也能拆开卖吗？这叫损毁，不是售卖。

在区块链里，同质化代币FT，如以太币、莱特币等，对应现实世界的美元、人民币等；非同质化代币NFT，对应《蒙娜丽莎》《星空》等艺术品，用区块链技术保证了它的唯一性，也是价值所在。 一件NFT，就如同一件数字艺术品，和比特币等虚拟货币一样，靠炒作提升价值。

3. 你的NFT源文件藏在哪里

一般网站对上传的NFT作品有大小要求。一般来说，图片、音频、视频等内容进行NFT化后，大小不要超过120MB。考虑到庞大的用户数量，海量的NFT信息数据会存储在互联网的哪个地方呢？

大多数人认为，**NFT所有的信息都存储在区块链上，但这很不现实。**

纵然技术上可实现，但目前区块链的建设水平还未达到。海量的NFT信息数据全部上链，必然会造成网络拥堵、链条负载、增加数据运营维护成本等问题。

目前的最优方案是链上+链下存储，即链上存储NFT基本属性、创作者、流通信息等，链下存储NFT真正要展示的内容。比如，NFT视频作品《梁祝》片段，链上存储它的发行方、演员信息、交易记录等，而具体视频内容就存储在链下，有效地减轻了区块链的网络负担。

链下存储又分为以下两种方式。

(1) HTTP中心化存储。这种存储方式以Beeple的出圈之作《每一天：前5000天》为代表，此画就是托管在**中心化存储系统Nifty服务器**上，通过HTTP URL进行地址寻址的方式进行这幅画的搜索展示。由于Beeple的画被托管在中心化服务器上，如果出现电脑宕机或Nifty平台破产导致服务器关闭的情况，这幅画可能就会"人间蒸发"。

(2) IPFS分布式存储。中心化存储的弊端明显，于是专门解决NFT源文件安全问题的IPFS(分布式存储系统)出现了。

IPFS作为一种去中心化的分布节点存储方式，通过将NFT源数据哈希化，存储在各个分布节点中，由所有人共同维护，通过IPFS 哈希值进行内容寻址的方式获取。 这样既解决了NFT的存储安全问题，也缓解了区块链的运营压力，是目前公认的最佳存储方案。

但IPFS也不能保证NFT源数据的永久保存，因为它在各节点的维护上缺乏奖励机制。换句话说，谁也没有绝对的义务替我们永久存储。当一个节点的内存达到临界点时，系统也有可能将原有数据删除，释放容量以容纳新的数据。

如今市面上诞生的Filecion、Arweave赋予了IPFS激励机制，很大程度上解决了IPFS的痛点。但运营这些平台的机构也是中心化机构，稳定性也有待探讨。

4. 国外NFT和国内数字藏品

值得强调的是，**NFT的唯一性和稀缺性等特性只体现在该区块链上。**

比如，"无聊猿"系列图片是在以太坊区块链上做成的NFT，一幅图片曾被炒到40多万美元。但国内某数藏平台得到授权后的"无聊猿"图片3D版，一幅图片标价1000元人民币，且无人问津。而这些标价40多万美元的"无聊猿"图片，普通人可以在互联网上复制、粘粘，变成自己的头像使用，保证每个像素点都一样，无法辨别真伪。当然，**如果在以该区块链为基础的元宇宙中，就很容易被证伪和确权。**

周杰伦的"无聊猿"NFT曾被黑客盗取并谋利30多万美元，这说明区块链只能保证数据的完整性，但不能保证业务逻辑的完整性。现在的区块链应用仍有较大风险，大致有10种类型：交易所黑客攻击、DeFi黑客攻击、51%攻击、钓鱼、抽地毯/退出骗局、勒索软件、SIM卡交换攻击、投资骗局、高调倍增骗局、勒索。

国外NFT基于公有链进行创作与发行，低准入门槛意味着全球任何人都可以发行数字藏品并进行加工与创作，发行类型主要分为PGC(销售分成及赚取差价)及UGC(以手续费为主，其次是GAS费的差价)。二级市场交易的价格随市场行情和供需关系而波动明显，因而高度金融化，因此国外NFT更像一种新型的权益凭证。虽然会在不同领域衍生出无数应用并反哺创作者，有益于文娱产业创新以及数字IP跨领域的综合利用，但同时**存在投机炒作、洗钱、非法金融活动、内容安全等风险隐患。**

很多人会告诉你一件推特NFT作品能卖290万美元，但通常不会告诉你现在只值28美元。绝大多数NFT作品的价格不在于作品本身的价值，而在于能获得多少人的认可。和天然钻石一样，认可的人多了，就是比黄金还值钱的珠宝；认可的人少了，就是坚硬、透明的石头，和人工制造用来划玻璃的碳单质并无差别，还不如莫桑石漂亮。如何让更多人认可呢？自然要靠炒作。炒作就意味着有被"割韭菜"的风险，和资本相比，你觉得谁更像"韭菜"？

所以，**在国内，因为存在NFT的炒作乱象，所以暂未将NFT列入虚拟货币范畴**，一般只称数字藏品，不叫NFT，同时严格限制二级市场交易，以尽可能削弱其金融属性并规避炒作风险。数字藏品基于联盟链进行创作、发行，价格采用统一市场售价，定价权通常掌握在平台或者IP机构手中，更像一个数字消费品或者数字商品。

总之，**国内数字藏品是对数字艺术品进行标记的数字版权凭证**，也是对数字内容创作者的版权保护，并且是对原有版权体系的数字化升级。

2.6 "铁面无私"的智能合约

1.执法如山

很多人都遇到过"老赖"吧？出于交情和信任借出钱，可要账时，对方喝着高档酒却说没钱。找律师上法院，熬到强制执行，对方早把财产转移了。如果能像在饮料机上买饮料一样，投币后按动按钮，"老赖"就能自动"吐"出借款，该有多好？现在通过区块链，的确可以做到这一点。

继续讲地球村的第五个故事：

地球村全民记小本本后，账务清晰了，也发现了"老赖"，但"老赖"就是拖着不还，债主也没办法，此时需要有一个强有力的规则执行者。这个规则执行者由哪个村民来做都不合适，一是大家未必信任，二是似乎又回到了中心化的老路。

于是众人制造了一个"执法机器"，现在借还款流程是这样的：村民J将1万元借给K时，要签一份合同，约定还款时间及抵押房产等。大家都会用小本本记录合约内容。到约定时间，"执法机器"自动转账，若金额不足，就把房产过户给J。全程严格执行合约，丝毫无差，简单粗暴，即使债主J想宽限K几天也不可能。

这个"执法机器"就是**智能合约**，实质是运行在区块链上的一段程序代码，所谓代码即法律。

智能合约(smart contract)，是写在区块链上，通过控制、调整数据对象的状态信息来实现业务逻辑的计算机程序。一旦满足某些预定义条件，该程序就会自动执行。智能合约允许在没有第三方的情况下进行可信交易，这些交易可追踪且不可逆转。

简单来说，智能合约就是合同的数字化、自动化，但不等同于互联网上的电子合同。电子合同一般是B2C，合同内容用文字表述，中心平台可以修改。**智能合约更多是C2C，去中心化，内容用无法篡改、自动执行的程序代码编写。**

智能合约的主要特点如下。

(1) 确定性。智能合约以计算机代码为基础，能够最大限度地减少语言的模糊性，通过严密的逻辑结构来呈现，不存在任何有歧义的解读。

比如，同样的案情，法官可能判出两种结果；但给定的事实，智能合约只有一个确定的结果，不会改变。

(2) 自动化。智能合约通过软件代码将任务自动化，不接受任何人工干预，一旦满足条件，即自动执行预期计划，节省了人类互动相关过程的时间。

(3) 不可违约。智能合约记录在区块链上，所有节点都参与维护和执行合约，编写合约代码的开发者无法篡改，任何一方都没有控制权；内容及其执行过程对所有节点均透明可见，记录可追溯，违约行为发生的概率极低。

(4) 匿名性。根据非对称加密的密码学原理，在区块链上采用零知识证明、环签名、盲签名等技术，虽然交易过程公开透明，但交易双方却可以匿名。

2. 以太坊从"小弟"成"大佬"

以太坊是首个在区块链上应用智能合约的公有链，并成为目前区块链领域最大的开源公有链，其原生代币以太币也成为市值第二高的加密货币，仅次于比特币。可以说，以太坊是区块链众多公有链中最为人所熟知的，交易量、应用数量都处于头部位置的"江湖大佬"。

以太坊曾是第一条区块链——比特币区块链的"小弟"。在区块链1.0时代，比特币等区块链仅能执行较为简单的操作，主要是货币的交易

(如代币)，在实际应用中存在不可扩展等问题。技术发展到允许执行更复杂的操作时，可以编程运行的智能合约便在以太坊上应运而生，开启了区块链2.0时代。

以太坊的本质就是基于区块链技术的智能合约平台，也是一个能够提供应用搭建和不同玩法的开源平台(源代码对外公开)。人们可以在以太坊上完成编程、交易、数据存储、公司管理等诸多任务。

如果说虚拟货币是区块链1.0的代表，象征着一种全新的金融货币体系的诞生，那么智能合约就是区块链2.0的核心代表，代表了信任基石的建立以及价值的传递。

智能合约作为区块链里绕不开的核心技术，有效解决了互联网时代信任中介需求的问题，主要目的之一是在多方之间去信任化地自动达成金融协议。除了目前应用最广泛的金融领域，只要是对信任、安全和持久性有较高要求的场景应用，都可以借助智能合约实现，比如资产注册、投票、管理和物联网等领域的应用。

3. 以太坊的"硬分叉"往事

人性复杂而程序单纯。**智能合约实现的是"基于代码的信任"。这种基于代码的信任是100%的，因为过程中排除了人的因素，在很多地方也被称为代码信任、程序信任、算法信任或机器信任等**，就像信任饮料机，投币能拿到饮料一样自然，但这种信任并非没有漏洞。

举个例子，2016年，以太坊的DAO合约出现漏洞被黑客利用，导致约360万以太币(时价5 500万美元)被盗取。当时的以太坊用户分成两派，一派认为有错就改，挽回损失；另一派坚持"代码即规则"，即一旦代码被编写出来并开始执行，就永远不能回收。信念不同而无法达成共识，造成以太坊区块链"硬分叉"：现在的以太坊和承受损失的原链，原链改名为以太坊经典(Ethereum classic，ETC)。

还有以太坊的Parity钱包存在代码漏洞，导致有人用1美元锁死了价值1.54亿美元的以太币。所有人只能眼睁睁看着，无法阻止，无法干预。后来以太坊社区通过投票表决，决定废弃整个区块链数据，快照复制重新生成一条发生故障之前的数据链条(原链条也继续存活)，而该漏洞所锁定的资金则仍没有"解救"办法，也许会永远锁定下去，告诉所有人，这真的是"100%基于代码的信任"。

100%信任代码，基于代码本身没有任何问题，但代码本身是由人来编写的，将人类的自然语言转化为程序代码，并涵盖现实世界的复杂可能性，是现阶段技术还不能完全解决的。

如何尽量减少类似错误呢？

首先，要求节点部署、开发人员、代码审查、测试人员、用户的充分离散化。简单来说，就是任何一段代码的上线，都需要千锤百炼，经过充分的论证和验证，并且由离散化的用户(保证无法串通)自主选择部署。

其次，诞生了一个**新的高薪职业：智能合约审计师**，主要负责区块链智能合约安全审计工作；挖掘智能合约程序中未知的安全漏洞和代码缺陷，并对漏洞进行验证，编制安全审计报告；自动化合约风险扫描工具的开发；跟踪和分析业界最新安全漏洞；分析Dapp相关链上数据，提前预警链上安全事件等。

智能合约在现阶段尽管还有许多问题，但相对于传统合约，已经表现出很大的优势。随着区块链技术的不断进步，智能合约很可能随着资产数字化的进程而获得越来越直接的法律属性，在未来成为规制财产权利登记、流转、组织、交易等法律行为的规则载体。

2.7　"没有中间商赚差价"的DeFi

本节从地球村的第六个故事开始：

村里以前的借贷是，村民L将1万元存到银行，一年后拿到200元利息；村民M从银行贷款1万元，一年后需要支付600元利息。L想直接借给M，但又担心M还不上。

现在有了"执法机器"(智能合约)，L没了顾虑，于是借给M 1万元，一年400元利息。这样L可多赚200元，M也省了200元，皆大欢喜。

这就是DeFi(去中心化金融)在借贷方面的一个简单应用。

DeFi，即去中心化金融(decentralized finance)，也被称为开放式金融。

DeFi有两大支柱，一是数字货币，比特币、以太坊、EOS、USDT、USDC都可以作为底层的支付手段；二是智能合约，实现交易、借贷和投资等业务逻辑。

去中心化金融的主要意义在于普惠金融，"普"指每个人都可以参与，"惠"指成本低。与传统金融相比，DeFi主要具有如下优点。

(1) **准入门槛低**。只要有手机，接入互联网就可以借贷、支付、做衍生品、做保险业务。

(2) **可靠性高**。都写进代码，严格用典当或抵押的形式保证对方能够支付、还债。同时用智能合约进行借贷，只要到时间，马上就执行，不需要任何机制，尽可能地减少交易风险。

(3) **公平、公开**。DeFi的对手盘哪怕是投行，也处于平等地位。没有信息、地位优势，也不会有更低的费率，这在传统金融中是做不到的。

(4) **匿名性**。运用DeFi交易的双方可以直接达成交易，所有合同和交易细节都记录在区块链上，但这些信息很难被第三方察觉或发现。

(5) **无中介，成本低**。DeFi没有中介机构，只有智能合约，代码即法律；也不需要法务，到期自动执行，没有合同纠纷，效率很高，成本也会大为降低。比如，投行高管动辄数百万元的薪资可都出自手续费、服务费等。

DeFi作为金融业的"新物种"，被认为将颠覆传统银行。但DeFi在安全性、流动性等方面仍存在很多问题，和传统金融互补有无则发展会更好。尤其在现阶段，更应该关注金融，而非去中心化。

中心化一定不好吗？举一个简单的例子，忘记银行的账号、密码，还可以通过银行找回；但在区块链里丢了私钥，就真的找不回了。这样谁还敢在里面存大量钱财呢？

美国《纽约时报》前些年曾有报道，一位名叫斯特凡·托马斯的男子发现自己账户里有7 002枚比特币(市值17亿元)，却因忘记密码而无法交易，只好多次通过催眠手段试图想起密码，很多数据恢复公司也主动上门服务，但都没能成功。该男子为此十分痛苦和烦恼，并患上了抑郁症。

换作是你，明明已经坐拥17亿元巨额财富，却一分也拿不出来，会有何感受？

2.8 "人人都是老板"的DAO

你可曾为某次年终考核不达标而愤愤不平？或苦恼于擅长做事但不会来事，业绩不少却一直不被领导提拔？让DAO帮你解决。

地球村的第七个故事：

在村里，村民N、O、P分别是饲料厂、长毛兔养殖场和兔毛研究所的技术骨干，业务能力强但不会处理复杂的人际关系，因而升职、加薪、绩效考核等都不如意，同时还觉得被老板严重剥削劳动价值。

恰好三人都有培育新型超级长毛兔的共同目标，就组建了团队。在签订的合约里，任务细化、分解给每个人，明确规定时间节点、每步指标和对应奖励等。一切交由"执法机器"(智能合约)监督执行，完成指标就能自动获得奖励。不需要老板或人人都是老板，公开、公正、透明，没人推诿扯皮，没人有特权多分配。每个人唯一需要做的就是按规则做好分内事。

这个组织就是DAO，主要依赖智能合约运行的人类组织协同方式。和DeFi一样，是区块链解决了人与人之间的信任问题之后的附属产物。

DAO(decentralized autonomous organization)，去中心化的自治组织，是基于区块链核心思想理念(由达成同一个共识的群体自发产生的共创、共建、共治、共享的协同行为)衍生出来的一种组织形态。

深入解释一下：DAO是一种将组织的管理和运营规则，以智能合约的形式编码在区块链上，从而在没有集中控制或第三方干预的情况下自主

运行的组织形式。DAO有望成为应对不确定、多样、复杂环境的一种新型有效组织。

DAO的具体特点如下。

(1) 去中心化。DAO中不存在中心节点以及层级化的管理架构，组织不再是金字塔式而是扁平式，权力不再是中心化而是去中心化，管理不再是科层制而是社区自治，组织运行不再需要公司而是由高度自治的社区所替代。传统的组织像蜘蛛，砍头之后就崩溃了；而DAO像海星，砍去任何一部分，组织依然可以很快恢复运行。

(2) 去信任化。依赖于智能合约，DAO的运转规则，参与者的职责、权利，以及奖惩机制、金融交易记录等保存在区块链中，均公开、透明。传统组织需要不同层级成员之间的高度信任，而DAO的核心规则和治理由智能合约处理。

(3) 全自动化。理想状态的DAO管理是代码化、程序化且自动化的。"代码即法律"，在智能合约的执行下，相关参与者的权益得到精准分化与降维，分工、权利、责任、利益均等。此外，由于DAO运行在由利益相关者共同确定的运行标准和协作模式下，组织内部的共识和信任更易达成，可以最大限度地降低组织的信任成本、沟通成本和交易成本。

举个例子，现实生活中，你想升职，除了工作业绩好，还要考虑很多因素，比如与领导、同事的关系，甚至运气等。而在DAO中，有点像论坛会员晋级，有固定、明确的规则，只要满足要求，不需要经过评选、审核、公示等程序，自动升级。

目前，DAO虽然有了很多应用，但仍处于早期阶段。像第一批DAO，所有事务都由全民公决，结果发现效率很慢，效果也差。目前比较好的方式是，核心成员有提案权，小部分专业人士有投票权，大部分人可能只有参与权。

所以，在公平和效率的平衡上，DAO和传统组织一样难以兼顾，现在只是主流组织形式的一种补充，更适用于一些非政府组织(NGO)与非营利组织(NPO)。

但DAO作为全新的组织机构形式，实现了由人治到规则自动治理的创新改变，随着区块链技术的进一步发展，并与人工智能深度结合后，会有非常广阔的发展前景。

2.9　去中心化的Web3.0

1. 众人拾柴火焰高的逻辑

先从地球村的第八个故事开始：

村民Q有一个大机房，做了一个平台叫拐特。在这个平台里，创造内容的是村民们，但所有权其实属于平台，并顺带拿走了内容的控制权和收益权。平台可以随时封账号、删内容，却不允许你的内容搬家。这是**Web2.0时代的平台中心化机制**。

这在很多人看来是不合理的，能不能创造一个新机制：你创造出来的内容，所带来的控制权、收益权都归你自己，也就是你拥有所有权。

于是，村民R就在家里搭建了一台服务器，村民S、T等在里面保存、发布自己的作品。这时，R为村里的互联网做出了贡献。用什么方法来认可这个贡献呢？可以给R发一种金黄色的贴纸奖励，叫**token，也就是通证或代币**，以此来确认R对互联网的贡献。村民S、T等创造了内容，也为互联网做出了贡献，并得到贴纸奖励。后来大家觉得这种方式不错，有钱的出钱，有力的出力，村民U、V也搭建了服务器，村民W贡献了网络带宽，村民X、Y加入创作……

总之，无论提供的是硬盘、网络带宽，还是内容，只要对互联网做出贡献，都会根据达成共识的奖励机制获得相应的奖励。这些贴纸奖励会随着大家对贡献的认可度越来越值钱，一开始也许只值1分钱，以后可能是1角、2角、5元、20元……没有谁是说一不二的中心，离开谁都能正常运行，平等而互不统属，一切按规则公开、透明地运行。

这就是Web3.0的基本逻辑，试图做一个去中心化，把价值还给用户

的互联网。

简而言之，**Web3.0就是第三代互联网的简称，被用来描述互联网的下一阶段，是一个运行在区块链技术之上的去中心化的互联网**。

2. 天下苦Web2.0久矣

从故事回到现实，来看看推动Web3.0出现的背景，从内容的生产和消费角度看互联网中心化的困局。

Web1.0时代，只读模式，门户网站是内容的生产者，用户只是被动的消费者，代表网站如新浪、网易、搜狐等。

Web2.0时代，可写、可读的互动模式，平台更像中介，用户既是内容的消费者，也是主要的生产者，人人都可以生产、分享内容，代表平台如微博、微信公众号、抖音等。

在数字经济时代，数据已成为宝贵的资产。**但用户的个人信息、交易数据等都存储在平台上，数据的所有者和控制者并不一致**，这必然会导致很多问题。

以典型的互联网行业巨头为例。

(1) 用户数据的所有权(法律层面)归用户，但实际控制权(技术层面)在平台公司。

举个例子，推特公司找个借口就把美国前总统特朗普的推特账号封了，更不用说普通人的账号。还有，暴雪游戏退出中国，无数玩家花费十多年时间和大量金钱换来的道具、荣誉等，一朝化为泡影，何处申诉？

(2) 平台把持流量入口和利益分配等，利用用户数据获得利益，不分享给用户，而且拿走超大额部分。

互联网行业常说"羊毛出在狗身上，猪来买单"。比如，用户在网上看视频是免费的，但付出了注意力和时间成本，视频网站借此赚取了广告商的钱。在这里，用户不是消费者，更像是平台的商品，用自己的隐私换服务。

(3) 平台公司占有用户数据，可随意利用、篡改，也可能因被黑客攻击等泄露用户隐私数据。

举个例子，某酒店集团曾被爆旗下酒店的用户数据遭黑客泄露售卖，包括1.3亿条入住登记身份信息、2.4亿条酒店住宿记录等。

(4) 数据孤岛，同一行业中竞争企业的数据孤岛现象特别严重，数据无法流通、交易，也就无法创造更多的价值。

以前微信屏蔽淘宝的商品链接，现在各平台链接分享之间的隔阂打破了不少，但仍然存在一些阻碍，还不能达到数据完全互通。

上述问题的出现，究其根本原因，在于平台的中心化。

某些大型平台公司在触及流量瓶颈后，只能不断地从用户数据里挖掘价值，越挖越深，越挖越没有底线。用户有点"苦秦久矣"，从区块链技术里看到了数据自主权和价值回归的希望，也推动了Web3.0的出现。

3. 寄予厚望的四大特征

虽然Web3.0还在萌芽发展期，但很多人对其寄予厚望，认为Web3.0应具有以下四大特征。

(1) 可信网。区块链技术通过智能合约等以"无须任何可信的第三方"的特征，用点对点的体系挑战了传统互联网体系，实现了"去信任化"，或者说"去基于人的信任化"。换个角度说，区块链实现的是"基于代码的信任"。而在互联网上，无论是和陌生人社交还是交易，基础都是信任。

(2) 价值网。在区块链技术的支撑下，互联网上的所有元素在理论上都可以资产化，形成所有权，进入了可读、可写、可拥有的时代，即价值互联网，使互联网更加开放、普惠和安全。

(3) 语义网。机器能读懂任何信息，不但能够理解词语和概念，而且还能够理解它们之间的逻辑关系，可以使交流变得更有效率和价值，网站可以根据信息进行智能删选，并且提供更有价值的信息。

比如，在浏览新闻时，语义网将给每一篇新闻报道贴上标签，分门别类地详细描述哪句是作者、哪句是导语、哪句是标题。再如，你在搜索引擎里输入"莫言的诺贝尔文学奖作品"，搜索引擎就会为你优先推荐莫言的作品《蛙》，而不是关于莫言本人的文章。

(4) 全息网。三维建模技术的发展和VR头显(头戴式显示设备)等设备的兴起，能为用户提供比2D更真实、沉浸感更强的三维在线世界，伴随的是新的交互方式、新的交易行为、新的业态的出现。

总之，Web3.0有望大幅改进现有的互联网生态系统，有效解决Web2.0时代的垄断、隐私保护缺失、算法作恶等问题，引导互联网走向个人控制数据所有权，以颠覆现阶段互联网巨头垄断互联网话语权的局面。到时，**用户的身份将进一步丰富：既是创造者，也是使用者；既是利益既得者，也是秩序维护者。**

4. 发酵中的鸡尾酒和元宇宙

Web3.0时代，可写、可读、可拥有。用户所创造的数据信息与数据资产都将归自身所有，用户成为互联网真正的创作者与构建者。另外，智能合约等技术也将有利于实现更公平的商业模式。

当然，这些都离不开去中心化，而Web3.0的去中心化离不开区块链技术。

同时，Web3.0的用户体验总要强过Web2.0吧？善解人意、方便快捷，人工智能一定要参与；更全面、更真实的感官体验，VR、AR也少不了；网速更快，5G/6G也要有；人与物、物与物，万物要互联，物联网也得加入……

因此，**Web3.0又像是区块链、大数据、人工智能、5G/6G、物联网等数字技术的协同应用**，在Web2.0的基础上，不断开拓新的数字化场景，拓宽数字世界的边界。

打个比方，Web3.0像一杯鸡尾酒，区块链很醇厚，人工智能很上头，VR颜色好，还有大数据、云计算、物联网、5G/6G等都很香，于是混合在一起。由于尚在萌芽期，各成分还在发酵中，具体比例也不清楚，最后口味也不确定，但可以肯定的是，1+1>2，混合比单一口味好。

元宇宙也像一杯混合了所有数字技术且正在发酵的鸡尾酒，还没有统一、明确的定义，概念仍在持续发展的过程中。

总之，**元宇宙和Web3.0都是未来式，有很大的不确定性。元宇宙**

可被看作Web3.0等技术的进一步场景应用的结果，更前卫，但技术支撑不够。与元宇宙的"科幻感"相比，Web3.0更加"接地气"，因为站在Web2.0的肩膀上，有了一定的积累。

　　Web3.0也许是元宇宙的初级形态，或者说Web3.0的发展目标是元宇宙。无论怎样，二者的目标都是突破现有数字经济发展中存在的瓶颈，为未来数字经济发展提供强大动力与保障。

第3章

梦间无限乐，好似在"XR"

3月6日19时　子城广场　大彭提着大包小包

导购亲切友好，顾客更喜欢交流

大彭：导购小姐姐为啥都这么亲切，说话还这么好听？

胖子哂道：不这样，你会痛快掏钱吗？

界面美观简洁，
用户更乐意体验

天真笑着说：在软件设计里，这叫**用户界面友好**，指软件界面美观，而且易使用，方便人机交互，用户体验好。

温好补充说：手机也是啊，外表美观、操作简单，有时比性能更重要。

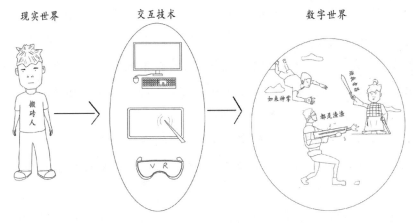

现实世界　　交互技术　　数字世界

交互技术越强，两个世界衔接越紧密，处于现实世界的我们会对数字世界越沉迷

天真继续道：计算机同样如此。在早期，显示器、键盘和鼠标，是人与计算机交流的媒介。

后来有了触摸屏和声控设备，再后来有了AR眼镜、VR头盔，未来还有脑机接口……

一端是现实世界，另一端是数字世界。如何让现实世界的我们沉浸在数字世界里，交互技术就显得尤为重要。其中的代表就是XR。

3.1　"睁着眼睛做梦"的XR

大家也许听说过AR、VR、MR，不知有没有听说过XR？

XR即extended reality，扩展现实，是指通过计算机将真实与虚拟相结合，打造一个可人机交互的虚拟环境，为体验者带来虚拟世界与现实世界之间无缝转换的"沉浸感"。

这里的"X"有两种解释。

一是狭义上，主要用于广电领域，X指extended，扩展，相对于固定大小的LED屏，将虚拟内容和真实场景相结合，大大扩展了观众的视觉边界。

二是广义上，主要用于互联网领域，也是一般意义上的理解，X相当于变量，可指代任意字母，比如A、V和M。XR就是AR(增强现实)、VR(虚拟现实)、MR(混合现实)这三种沉浸式技术的统称，以后也许还会有BR(baffle reality，迷惑现实)、SR(super reality，超现实)等被包含进来。

关于VR、AR、MR，简要解释如下。

VR(virtual reality)：虚拟现实，100%虚拟的数字世界。

AR(augmented reality)：增强现实，部分虚拟，将虚拟信息叠加到现实世界中，但缺乏交互。

MR(mixed reality)：混合现实，部分虚拟，数字世界和现实世界互相融合且能够互动。

XR(extended reality)，包括任何可以帮助我们融合数字世界和现实世界的技术。换句话说，未来的虚拟现实产品将不再区分AR、VR、MR，而是一种融合性的产品，统称XR。

XR和AR、VR、MR之间的关系，看图3-1就明白了。

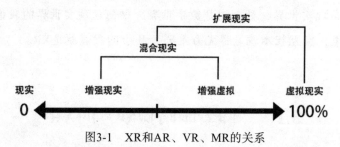

图3-1　XR和AR、VR、MR的关系

图中的百分比数值是对现实的虚拟程度，可以简单理解为AR、MR、VR对现实的虚拟程度越来越高。

举个例子，如果现实是纯净水，虚拟现实VR是纯酒精，那么增强现实AR就是低浓度酒精，即少量酒精掺到水里；而增强虚拟AV(augmented virtual)是高浓度酒精，即少量水掺到酒精里。无论是低浓度酒精还是高浓度酒精，都是水和酒精的混合溶液，即混合现实MR。但只要不是纯净水，无论是混合溶液还是纯酒精，都是扩展现实XR。

2022年央视春晚的创意音舞诗画《忆江南》、舞蹈诗剧《只此青绿》和"重生邓丽君"的现场献唱，都是XR技术的典型应用。

3.2　XR和六识体验

　　佛经有云：依于六根，接于六尘，所生之识有六，谓之六识。识者了别之义，以能了别诸尘之故。六识者：一眼识，即见色之(见)是；二耳识，即闻声之(闻)是；三鼻识，即嗅香之(嗅)是；四舌识，即尝味之(尝)是；五身识，即感触之(感)是；六意识，即知法之(知)是。

　　简单解读，六根指人的六种感觉器官或认识能力，分别是眼、耳、鼻、舌、身、脑，眼是视根，耳是听根，鼻是嗅根，舌是味根，身是触根，脑是念虑之根。六识是视、听、嗅、味、触、意。六尘是色、声、香、味、触、法。

　　XR技术使人们在数字世界实现了六识体验。

1. 视觉体验

　　人体从外界所获得的信息，80%来自视觉。采用XR技术，可以将微型显示器、传感器等电子设备内置在眼镜中，通过将VR、AR、MR的视觉交互技术相结合，将虚拟内容和真实场景融合，达到虚实相生。

　　比如嘉兴市图书馆元宇宙阅读体验馆，充分利用XR、体感投影等数字技术，通过"阅听""阅视""阅触""阅界""阅知"等多元方式带领读者全方位、多维度领略元宇宙阅读的独特魅力。

2. 听觉体验

　　人体还有10%的外界信息通过听觉获得。XR技术具备骨传导功能，可以提供多声道立体声，最大限度地模拟实景音频，可以像站在舞台中心，听来自四面八方的声音。

3. 嗅觉体验

　　嗅觉是远感(通过长距离感受化学刺激)，感受器位于鼻腔上方的鼻黏膜上。在XR技术实现中，需要配置可释放不同气味的设备才能让人有嗅觉体验。具体气味根据在数字世界的所见所闻智能变换，设备不能提供的气味可以用最接近的替代。

比如，你在数字世界里看到了一丛玫瑰，设备就会释放出玫瑰花香的气味，若没有玫瑰花香，就用月季花香替代，而不是大王花香。

4. 味觉体验

味觉是近感，感受器是味蕾，主要位于舌表面和舌缘。难道体验者需要舔设备才能有味觉体验？当然不是。XR技术可以通过视觉、听觉、嗅觉和记忆的合成作用，模拟出味觉体验。

比如"望梅止渴"，人们只是听到"梅子"这个词语，就能在耳朵、记忆的作用下，像体验到酸味一般流出口水。

XR技术从眼睛、耳朵等感官入手，结合气味、颜色、形状等信息，实现了增强味觉的体验。比如艺术装置Aerobanquets RMX，与VR技术结合，模拟味觉的感知，为体验者提供了一顿多感官体验的"VR米其林大餐"。

5. 触感体验

XR技术可以模拟人体接触外物时的感觉。比如，戴上采用力反馈技术制成的手套，能让玩家"感觉"到物体，手中空空，却感觉是在搬砖。

6. 第六感觉

科学实验表明，人体除了五感，还具有对机体预知、推断的能力，生理学家称这种感觉为机体觉、机体模糊知觉或第六感觉。不过，第六感觉的体验要通过大数据、人工智能等与XR技术的结合才能实现。

举个例子，古有庖丁解牛，今也不乏工匠打磨精细零件误差仅为0.002mm的神乎其神的"手感"，这都属第六感觉，是通过无数次练习积累、培养出的潜意识。类似地，人工智能基于大数据的机器学习，也能获得一定的预判能力。

3.3 XR的由来和未来

XR的发展，体现了人类对"感觉"的无限追求，从早期的视觉、听觉到触觉等。

为什么这么说？

先看人类社交形式的演化。在古代，人们靠书信传情，只能通过文字揣摩对方写信时的心意；近代有了电话，能实时通过声音感知彼此情绪；再后来有了视频通话，能看到对方的一颦一笑；接下来，如果还想再进一步，比如远方的父母想抚慰幼儿，异地的情侣渴望拥抱彼此，触觉如何传递呢？

这时，XR就要登场了。人不能瞬移，但感觉可以通过XR技术穿越时空。**未来的社交平台，必然基于XR技术。**

再看网络游戏的进化。先是有文字MUD游戏，通过输入文本命令打怪；后来加了声音，有了听觉体验；又出现了图形界面，视觉体验也有了；然后有了立体感，2D发展到3D；接下来便是追求包括触觉、嗅觉和味觉在内的全真体验与互动。

XR很可能先从游戏发展起来，再延伸到在线社交、商务等领域，并**将成为未来元宇宙的入口，**即现实世界和数字世界沟通的桥梁。

人是生活在"感觉"中的动物，人类发展过程中，一直在追求不同的"感觉"。XR技术给人们带来了革命性的感官体验，虽然计算机生成的信息是虚拟的，但赋予人的体验感却达到了前所未有的强烈和真实。

3.4 XR的"神操作"

XR能做什么呢？

1. 游戏娱乐

丰富的感觉带来的沉浸感，使得XR游戏能够使人得到畅快淋漓的极致体验。XR技术成为理想的游戏技术，尤其适用于第一人称视角的游戏，还有赛车、射击、动作冒险、角色扮演等偏重体验和视觉感受的游戏。比如VR游戏《半衰期：爱莉克斯》《节奏空间》，AR游戏*Pokemon Go*和《一起来捉妖》等。

但也存在一些问题：一是设备售价高，采用XR技术的游戏不仅需要配置昂贵的计算机主机，往往还需要VR、AR设备，入门级的VR设备就要4 000多元；二是现在只能实现偏重体验、视觉感受类的游戏，优秀作品多为恐怖类型，不是游戏的主流。

游戏之外，AR技术的应用更广阔。比如在短视频领域，字节跳动研发的Landmark技术，采用3D视觉技术对室外场景进行检测、运算，呈现出AR特效。

在图像、视频中给人像加头饰，给宠物换虎头等以假乱真的特效，也是典型的AR应用。

2. 影视直播

在场景渲染上，XR技术可以将虚拟世界和现实世界以多种方式融合，为作品创作实现更多可能。比如，广告短片《只为梦中与你相遇》，首次采用虚拟拍摄方式，将XR技术与影视行业的工作流程相结合输出数字内容。拍摄现场无实景、无绿幕，实时渲染场景，演员只需要在LED屏幕所构建的空间中进行表演。

举一个直播方面的典型例子，我国"奋斗者"号载人潜水器成功坐底马里亚纳海沟时，中央广播电视总台、央视新闻频道等通过XR虚拟演播进行了同步科普讲解。

3. 教育培训

目前，XR技术已广泛应用到外科手术、竞技体育、汽车驾驶、电器维修等各种职业技能的训练中。利用XR技术建立的虚拟实训环境具有很好的沉浸性和交互性，可以根据实训需要，随时生成虚拟的设备和部件等，帮助体验者快速进入角色。比如XR虚拟出的手术场景，可以让医学生在1∶1的手术室里做手术，充分调动触觉、视觉、听觉等，快速成长。又如浙江省的嘉兴南洋职业技术学院、嘉兴职业技术学院、嘉兴技师学院、常山技工学校等职业技术院校，都在积极建设建筑、航空、物流等VR虚拟仿真实训室。VR实训室可以帮助学生获得更加真实、安全和高效的体验，结合AI和大数据等数字技术，实现智能化的教学与评估，为学生提供个性化教学。VR实训教学已成为一种革新性的教育培训方式。

4. 医疗辅助

利用VR技术可以创建安全、可控的虚拟环境，用以治疗极端的恐惧症和焦虑症等心理疾病，以及恐高症和抑郁症等。这种VR疗法不但安全、高效、低成本，医生还可以与病人共同沉浸在VR世界中，利用专业知识和经验，为病人对症下药。比如，2017年，浙江省戒毒所引入"虚拟现实毒瘾评估矫治系统"，利用VR技术帮吸毒者断绝"心瘾"，降低其对毒品的渴求度，治疗有效率近75%。

5. 购物消费

利用XR技术可以生成可交互的三维购物环境，突破时间和空间的限制，实现世界各地的商场随便逛，各类商品随便试用。比如，你躺在自家床上，戴上XR眼镜，可以选择去逛杭州银泰、上海恒隆或者东京新宿商场，身临其境地挑选商品，并且任何商品都可现场体验。

6. 旅游展览

XR技术可以将三维地面模型与正射影像、城市街道、建筑物的三维立体模型融合在一起，再现城市建筑及街区景观。体验者在家里戴上XR眼镜，不但可以像身处景点内一样，看到生动、逼真的城市街道景观，还可以实现漫步、飞行等与虚拟环境的互动。比如可以在珠峰看日出，在马里亚纳海沟看深水海兔，在汤加火山口看岩浆喷发。

XR技术在博物馆展览中表现优异。VR全景数字化展厅可为参观者提供更加丰富、生动且有较强互动性的展览体验，既可以覆盖全球各地的观众，又可以让观众根据自己的兴趣自由安排参观计划，不受时间和空间限制。

比如，嘉兴博物馆精心建设的"远古回声""沃土嘉兴"和"梅里云裳"等云展厅，可以让全世界的观众戴上VR眼镜，近距离、全方位地观看展品；通过触摸屏、手势识别等方式与展品进行互动；通过语音导览系统听取解说员的讲解或观看相关的视频资料，充分了解关于展品的信息和历史故事。

3.5　脑机接口的终极体验

还有比XR技术更容易让人沉浸的技术吗？有，脑机接口技术。

脑机接口(brain computer interface，BCI)，指在人或动物大脑与外部设备之间创建的直接连接，实现大脑与设备的信息交换。

脑机接口，顾名思义，"脑"指的是有机生命形式的大脑或神经系统；"机"指任何完成处理或计算的设备，其形式可以是简单电路及复杂的硅芯片。这里主要指人脑和计算机的连接，可分为两部分：一是计算机读取脑电波信息，判断人的意识和指令；二是模拟生物神经，反向干扰大脑指令，控制大脑。

打个比方，你在大脑里想象出一个物体，相应的脑电波信号就会通过脑机接口翻译、转换成数字信息，在虚拟世界具现出来，分毫不差。

虚拟世界的物体也不需要用眼睛看，而是直接传递到大脑视觉中枢。具体来说，XR技术提供视觉体验需要视网膜接受光刺激，产生电信号，以生物电流的形式，经过视神经复杂的传递通路，到达大脑枕叶视觉皮质中枢，再由中枢对双眼传来的信息综合分析，完成图像感知。而脑机接口设备不再刺激视网膜，而是直接发出电信号，精准地传到视觉皮质中枢。

而在触感体验方面会更省力，之前用力反馈手套完成一个搬砖动作，需要大脑额叶以电信号的形式发出指令，纹状体和小脑制定参数完善指令，通过神经传递到手臂，动作电位使肌细胞专极化并产生收缩，执行相关动作，力反馈手套再通过传感器将该动作转换成电信号，表达到虚拟世界。而采用脑机接口设备后，电信号不用再传递给手臂上的肌细胞，而是直接被脑机接口转译，表达到虚拟世界。

简单来说，脑机接口设备可将脑电波信号与其对应的动作及反应建立映射关系，让人类意识直接在虚拟世界得以实时翻译与表达。 再简单一些，就是说脑机接口设备可以直接完成从脑到机的信息传递，没有中间商"赚差价"，信息传递更快，体验更爽。当然，这是有代价的。比如以前玩游戏"菜"，还可以自嘲手残，但用了脑机接口设备之后还一如既往地"菜"，那就是……

听起来类似于《环太平洋》里的操作机甲或《头号玩家》里的游戏头盔，后者描述的是2045年的故事，真要等到2045年吗？按照现在技术发展的速度，可能不需要那么久。

知名电子游戏公司Valve(维尔福集团)已经与致力于开源脑机接口的神经科技公司OpenBCI合作，采用后者在2020年11月推出的AR/VR专用BCI平台——Gelea，开发用于游戏领域的脑机接口设备。Galea内置了脑电图、眼电图、肌电图、皮肤电活动、光学等传感器，可实时监测大脑、眼睛、心脏、皮肤、肌肉的数据。但现在仅可以通过这些数据判断玩家的兴奋、快乐、悲伤、恐惧的程度，至于将电信号传递给大脑从而改变"感觉"，还需时日。

该技术最核心的部分是需要通过脑机接口实时采集、鉴别及转换人脑的各种神经信号，并表达到虚拟世界中。而现在发展的瓶颈在于：一是采集精度，也就是筛选出目标指令的脑电信号；二是"读"和"写"，不仅要读懂脑信号，还要能进行干预和编写。这里面涉及的神经解码和编码机制仍然是一个"黑箱"，人们对自身大脑的了解还处在非常初级的阶段。

现在，脑电控制蓝牙小车、进行字符输入已经完全可以实现。Meta(Facebook部分品牌更名而来)正在努力尝试让用户用脑波打字而不是用手指。但现在的技术，想达到游戏操作需要的低延迟，路还很远。

当然，在未来，基于BCI脑机接口设备玩游戏，会远比基于AR、VR设备获得的游戏体验更佳。但和其他任何新兴技术一样，BCI技术需要得到一定程度的信任，并不是所有人都能接受将大脑与计算机连接。即使解决了延迟问题，还有病毒感染、黑客攻击等安全威胁，甚至包括类似"读心术"的隐私泄露等伦理问题有待解决。

所以，**现阶段让脑机接口设备大放异彩的，不是游戏领域，而是医疗领域。比如人工耳蜗，就是迄今为止最成功、临床应用最普及的脑机接口设备。**

脑机接口技术能让人体不再依赖外周神经和肌肉等作为传导通道，而是直接将脑电活动转化为控制指令，因此可以利用可编程高密度神经刺激芯片，帮助失能人群重新恢复能力，比如恢复视力、听力等，控制轮椅和假肢，辅助重度瘫痪病人的日常生活等。举个例子，2020年1月，浙江大学脑机接口团队成功让72岁高位截瘫患者用意念喝可乐、吃油条、打麻将等。

除了游戏和医疗领域，脑机接口技术还可以应用在教育、智能通信等领域。在教育领域，可以帮助学生提高学习效率、提升注意力。举个例子，美国的Smart Cap Tech公司把脑机接口设备做成棒球帽，用来缓解卡车司机的驾驶疲劳，提高注意力，减少交通事故。

随着技术的进步，将来一定会出现《阿凡达》里的脑机接口设备，让瘫痪在床的人也能成为超级战士。当然，寒窗苦读的学子们，通过脑机接口设备将知识转化成脑电波，直接"塞"进脑子，也并非不可能。

3.6　全靠"脑补"的3D电影

3D电影大家都看过，但用2D屏幕呈现3D效果的原理有没有了解过？

3D电影，就是利用人脑的成像规律——双眼视差，玩了个小魔术。

首先，解释双眼视差。人的两只眼睛，相隔大约65mm，观看同一物体时，看到的画面并不一致。需要通过调节两眼视轴，让物体映像落在两眼视网膜的对应点上，两眼视网膜的视像重合，从而看到单一、清晰的物体。

举个例子，你正在看书，一只手掌出现在书和眼睛之间，是不是看到了两只手掌？再轮流闭合左右眼，看到的图像显然不一样，这就是双眼视差。

双眼视差，会让我们看物体有纵深感和空间感，也就是三维立体感，据此可以准确判断物体的大小和距离，如图3-2所示。

其次，**3D电影模仿双眼视差，给左右眼呈现的图片不一样**，这样经过大脑的处理，就会产生立体感，也就是"脑补"。

如何给左右眼呈现不一样的图片呢？这时就需要3D眼镜了。

早期的3D眼镜以红蓝3D眼镜为主，红镜片过滤蓝光，蓝镜片过滤红光，这样左右眼接收的图像就有了差异。但会导致能透过的光主要是红光或蓝光，电影画面有些失真，色彩也不够鲜明，人看久了很不舒服。

现在的3D眼镜主要是偏振光3D眼镜，每个镜片只允许特定的偏振光通过。 偏振光3D眼镜指的是光波的振动方向沿着同一个平面，让左镜片通过水平方向的偏振光，只能"横"光进来，让右镜片通过垂直偏振光，只能"竖"光进来，两个镜片携带的成像信息略有差别。

除了以上两种3D电影，还有采用**时分法和光栅式**等技术的3D电影。**时分法技术是通过提高屏幕刷新率把图像按帧一分为二，形成左右眼连续交错显示的两组画面**，通过3D眼镜使两组画面分别进入左右眼。光栅式技术则是通过光栅屏障来控制光线行进方向，让左右眼接收到不同的画面信息。

图3-2　双眼视差带来的三维立体感

最后，如何拍摄3D电影呢？

显然，3D电影需要给人的左右眼呈现不一样的图像，3D摄像机就要模仿人的双眼，通过位置稍有差异的两个镜头，同时拍摄稍有差异的两幅图像。

3.7 会"捅腰子"的4D电影

4D电影是什么呢？

简单来说，**4D电影是在3D电影的基础上，加上动感座椅和环境特效模拟设备，让观众得到多维感知体验**，增强观众的身临其境感，使其更好地沉浸到剧情中。

比如，动感座椅可以上下、左右、前后全方位晃动，还有扫腿、椅垫震动、面部喷气等多种功能；影厅中的大型风机、频闪灯、泡泡机、香薰机等设备可模拟大风、闪电、雾气、雪花、暴风雨、气泡、香味等十几种特效。

好像还不错，曾经短暂流行过，为何现在销声匿迹了？

首先，主流影视界没有制作4D电影，所谓的4D电影，都是3D电影通过后期制作，加入动作编码而成。

其次，时长2小时的电影，不时地喷水、喷烟、"捅腰子"，非常影响观影体验。

以5D电影《超人：钢铁之躯》为例，下雨时前座椅会喷你一脸水；爆炸和震动时，坐垫下的杆子会戳屁股；超人每被揍一下，靠背就会伸出个棍子"捅腰子"；再加上成分不详的泡沫、气体时不时喷一下，座椅前后左右频繁地摇摆。

总之，现阶段，4D电影还不值得拥有，至于所谓的5D、6D甚至7D电影，噱头大过内容，并无意义。

3.8 裸眼3D：让人欲罢不能的视觉骗局

一只憨憨的大熊猫掀开幕布，呆头呆脑地探出头来。幕布丝滑地落地，活灵活现的大熊猫似乎下一秒就会钻出屏幕，迈着内八字跑到你面前讨根笋吃，这是成都太古里裸眼3D大屏的画面。

裸眼3D是什么？

简单来说，裸眼3D就是不借助任何外部设备就可以看到3D效果，裸眼即不佩戴3D眼镜等硬件设备。

裸眼3D电影的基本原理和3D电影一样，给左右眼呈现不一样的图像，利用双眼视差，产生立体感。

没了3D眼镜这个辅助，就要依靠**裸眼3D的屏幕技术**了。

目前的裸眼3D技术主要有三种：狭缝式液晶光栅、柱状透镜、指向光源，通俗来说就是遮挡、折射和指向性光源。

(1) 遮挡，是指在屏幕前加入光栅，对屏幕的光进行遮挡，使得左眼看到的东西，右眼看不到，右眼同理。

(2) 折射，是指通过透镜将希望左眼看到的光线折射进左眼，将希望右眼看到的光线折射进右眼，达到左右眼看到的图像分离。与遮挡相比，由于没有对光线进行遮挡，所以屏幕亮度会更高。

(3) 指向性光源，是指在屏幕上就对进入左右眼的光线进行处理，通过两组不同的屏幕，对应左右眼的内容会分别进入观察者的左右眼产生视差，达到3D效果。

为了达到较好的3D效果，**裸眼3D对观看角度和距离有一定的要求，和3D电影一样，都利用了双眼视差，属于"伪3D"。**

有没有更好的3D技术呢？有，全息投影。

3.9　全息投影与佩珀尔幻象

"重生邓丽君"在2023年北京卫视春晚、2022年央视春晚和周杰伦演唱会上的频频献唱，仿若真人再现，让无数粉丝为之欢呼，也引来了社交媒体对全息投影技术的惊呼和赞颂。

然而，这里的全息投影技术并非严格意义上的全息投影技术，而是利用佩珀尔幻象、边缘消隐等方法实现3D效果的一种**类全息投影技术**。

佩珀尔幻象(Pepper's ghost)是一种利用玻璃和光来操控视觉效果的光学错觉技术，由16世纪的一位意大利科学家提出，19世纪的英国人约翰·佩珀尔(John Pepper)最早将其应用到舞台表演艺术上，故而得名。

佩珀尔幻象是如何实现的？

图3-3是佩珀尔幻象的场景布置示意图，包括舞台、隐秘房间里的表演者、玻璃和观众席。

(1) 从舞台来的光亮度较高，经过玻璃折射，使得观众可以看到舞台，很难发现玻璃；

(2) 表演者所在房间的光经过玻璃时，一部分光会被玻璃反射，进入观众视线，玻璃充当了镜子；

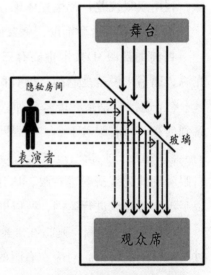

图3-3　佩珀尔幻象场景布置示意图

(3) 观众看到的是来自舞台和来自隐秘房间表演者的混合光，使观众产生了表演者在舞台上的错觉。

当然，现代晚会中的表演者是隐藏起来的投影机，玻璃被全息投影贴膜替代。**古老技艺加上现代的数字技术，呈现了舞台上逼真的影像。**

所以，现代晚会上看到的全息投影人依然是"纸片人"，观众大多数正对舞台不容易看出破绽，但若从侧面看，就很容易看出破绽。当然，为了追求更逼真的效果，有时会用全息投影贴膜制作金字塔状的四面锥体，用4个投影仪同时投影4个方向的动作视频，这样观众就可以从任一方向进行观看了。

因此，45°倾斜放置的全息投影贴膜在舞台表演中最常用。例如在音乐喷泉或水幕电影中，投影介质是水雾；在商场、博物馆、科技展厅中，投影介质是玻璃制成的四面锥体，可以全方位3D展示。

以上都是类全息投影技术，在数字技术的加持下，佩珀尔幻象也能达到很不错的视觉效果。而试图攀上"黑科技"高枝的主办方，迎合"标题党"喜好的部分媒体，就会称之为全息。

真正的全息投影技术是什么呢？

全息投影技术(front-projected holographic display)也称虚拟成像技术，属于3D技术，是利用干涉和衍射原理，对物体真实的三维图像进行记录和再现的技术。

简单来说，全息投影技术就是：

(1) 裸眼，无须介质，影像在空气中立体呈现；

(2) 观看角度可随意变换，且能在影像中穿梭。

举个科幻电影里的例子，《钢铁侠》中托尼·史塔克在空气中操控立体的空间，可以完成一系列的放大、旋转等操作。

在现实里，真正的全息投影技术还处于实验室阶段，并且没能摆脱介质，成本昂贵，短期内不可能实现商用化。

现阶段，没必要纠结真伪全息投影，关注点可以放在数字人的形象、表情、声色、动作，以及与观众的互动上，关注其是不是更像本人或是否足够自然。

下面讲到的数字人技术，比全息投影技术更值得期待。

3.10　让邓丽君"重生"的数字人技术

现代晚会上，"重生邓丽君"惟妙惟肖、真假难辨的唱歌视频是哪里来的？当然不可能是邓丽君本人以前录制的，而是现在合成的，用的就是数字人技术。

数字人(digital human)，是采用数字技术创造出来的、与人类形象接近的数字化人物形象。

数字人，本质上是对人的一种模拟，源自真人的三个基本特征：外观、行为和思想。背后是大量数字技术的支撑，包括图形识别、视觉技术、3D建模、CG渲染、动作捕捉、人工智能、语音合成、自然语言处理等技术。

以邓丽君数字人为例，具体制作过程如下。

(1) 静态。即制作外观形象，包括脸部、头部、躯干、四肢等，主要依赖各种建模技术。根据邓丽君生平的影像和实物资料，建立3D模型。先采用传统3D软件如3ds Max、Maya等，负责低模，做出轮廓；再经雕刻软件如ZBrush、Blender等，负责高模，精确修正肤色、纹理等细节，达到以假乱真。

除了手工建模，还有仪器采集建模和自动化建模。仪器采集建模是通过仪器扫描的方式进行建模，成本较高，一般用于影视特效制作。**自动化建模包含图像采集建模(通过采集照片来还原人脸3D结构)和AI建模(利用AI算法直接生成人脸、身体等)。目前AI建模技术虽不成熟，却是未来的发展方向**，如果能够实现数字人生产流程的自动化，让普通人也能快速拥有自己的数字形象，结合元宇宙入口、虚拟分身、千人千面等，发展潜力巨大。

(2) 绑定。作为静态与动态联动的桥梁，绑定就是**给上一步的静态模型在关键位置打上点，后续通过驱动关键点，使静态模型呈现各种表情和动作。**

打个比方，静态是外壳，绑定就是添加骨骼、关节、肌肉、肌腱等。关键点密布全身，比如手肘、手腕、膝盖、脚踝等关节就是关键点。

(3) 动态。即让模型动起来，分为非交互型和交互型。

非交互型，设置预制动作让数字人活动，类似动画片，不能实时互动。

交互型，靠驱动技术来驱动表情、动作、行为等，具体又分为**真人驱动和智能驱动**。

真人驱动，也称传统驱动，需要"真人+动捕设备"进行驱动，从技术原理上可分为光学式、机械式、声学式、电磁式、惯性导航式动作捕捉等。

比如，邓丽君数字人在台上与观众的实时互动，是由台下的真人替身穿戴各种传感器(陀螺仪、加速度传感器等)组成的数据服，通过USB线、5G等与主机相联，分别跟踪头部、全身动作，动作数据会实时传给模型，再呈现在舞台上。换句话说，台下的替身不小心劈了个叉，计算机里的模型会照样劈叉，台上的数字人也会给观众们表演劈叉。

而邓丽君数字人唱歌属于非交互型，参考动画片的制作，即计算机事先对由替身捕捉来的数据进行分类、分析，进一步建模，即建立动作运动状态模型，比如不同文字发音的不同嘴型模型、拿麦克风及表演的手势模型等。通过组合应用，形成一整套基于真实人物动作的系列、连贯、自然的数据，模型就会按照数据有模有样地动起来。

智能驱动：也称算法驱动，基于深度学习模型，可以自驱动学习模特说话时的唇动、表情、语音，以及姿态和动作等，不仅无须真人参与，还可以实现快速渲染，降低制作成本。

比如每日经济新闻的虚拟主播"N小黑"，基于AI建模和智能驱动，采用深度神经网络渲染技术(XNR)生成，全过程自动化且实时，能7×24小时不间断直播。而手工建模、真人驱动的传统方法，耗时太长，无法实现长时间直播。

(4) 声音。模拟邓丽君声音的难度主要在于音色和气息。一般做法是先找一个跟邓丽君声音比较相似的歌手，预先把歌曲录制好，再在音色上进行调整。至于采集一段某人平时的声音，就能合成该人演唱的歌曲，技术上暂时还达不到。

(5) 渲染。渲染就是让这个数字人最终呈现在人们面前，决定了演出的舞台效果。比如效果是否清晰，动作和语音是否匹配等。

渲染技术分为离线渲染、实时渲染等。数字人多采用实时渲染，将图形数据实时计算并输出，每一帧图像都是针对当时实际的环境光源、相机位置和材质参数计算出来的。随着算力、算法、网络技术的不断发展，数字人的真实性和实时性也在大幅提升。

据台媒报道，在周杰伦巡回演唱会上出现的邓丽君数字人，仅3分30秒的虚拟影像，耗费新台币1亿元以上。金额可能有点夸大，但的确造价不菲。

台上合唱三分钟，台下技术十年功。对数字人来说，这仅仅实现了外观和行为的部分模拟，只是一个开端。**更重要的思想，或者说灵魂，还需要人工智能来补全。**

3.11　虚拟人、数字人、虚拟数字人

除了数字人，大家还听说过虚拟人、虚拟数字人等，是一回事吗？

虚拟人(virtual human)，指人在计算机生成空间(虚拟环境)中的几何特性与行为特性的表示。

这个概念有点抽象且笼统，因为人是一个复杂对象，不同的学科领域，抽象和模拟人类的侧重点不同，导致定义不同。比如在**医疗领域**，虚拟人指通过数字技术模拟真实的人体器官而合成的三维模型，着重对数字化的人体结构进行重建和分析，较为真实地显示人体的正常生理状态和出现的各种变化。在**体育、军事等领域**，则更关注虚拟人运动和行为的模拟仿真，用以提高训练效率等。而在**影视、传播、IT等领域**，虚拟人是通过技术手段将外观造型、语音生成、动画生成、音视频合成显示、交互这五大模块进行融合后实现的一种外显的人物形象，研究重点是让虚拟人的外形和行为高度接近真实人类，比如柳夜熙、苏小妹、李未可、AYAYI等。

数字人是采用数字技术创造出来的、与人类形象接近的数字化人物形象。狭义的数字人是信息科学与生命科学融合的产物，是利用信息科学对人体在不同水平上的形态和功能进行虚拟仿真。**广义的数字人**是指数字技术在

人体、物理、生理、智能、行为、思想等各个层次、各个阶段的渗透。

虚拟人与数字人，多数情况下可以通用，因为对人的虚拟用的都是数字化手段，虚拟人以数据形式存在，行为被数据驱动，虚拟人必然是数字人。

如果说两者有区别，**一是体现在"拟"字**，虚拟人更强调相似性，侧重其在外观、行为、思想等方面对人的高度仿真；**二是强调应用场景**，比如虚拟歌手、虚拟主播、虚拟博主等。也有人辩称一些二次元卡通人物属于数字人，但不能算作虚拟人。因此，数字人包含虚拟人，范畴稍大些。

数字人强调角色存在于数字世界，如果现实世界中有原型，即身份设定、外观、行为等都参照真人，也可称为**数字孪生人**，比如邓丽君数字人、易烊千玺的"千喵"、龚俊数字人、邢佳栋数字人、郎咸平数字人等。

如果数字人在现实世界中没有原型，身份是虚构的，通常称为**虚拟数字人**。"虚拟"两字用来强调身份虚构，现实世界中并不存在，比如华智冰、昆仑巍、度晓晓、希加加、叶悠悠、梅涩甜、崔筱盼、嘉然、乃琳、班长小艾、安未希等。

总结来说，虚拟人、数字人、虚拟数字人三个概念的相同点是都基于数字技术，都是对人的模拟，多数情况下并不做严格区分。

在严格意义下，三者存在细微区别：**数字人强调角色存在于数字世界，虚拟人强调在某些方面和人的高度相似性，虚拟数字人强调虚拟身份和数字化制作特性**。

在范畴上，一般认为数字人包含虚拟人，虚拟人包含虚拟数字人，三者的关系如图3-4所示。

因此，**虚拟数字人是虚拟人，也是数字人；反之，则不准确。但由于没有十分权威且公认的区分标准，在实际应用中，三者经常混用**。在一些网帖或媒体报道中，出

图3-4 虚拟人、数字人、虚拟数字人三者的关系

于某些意图，数字人也会被称为虚拟人或虚拟数字人。比如虚拟"邓丽

君"，目的在于强调外观、声音和动作与邓丽君真人非常相似，并不算错。但严格来说，叫邓丽君数字人更为确切。而在专业性较强的论文和著作中，一般要结合上下文语义来具体理解。

3.12 数字化身和数字替身

数字化身和数字替身，都属于数字人，主要看应用场景。在一些文章里，数字化身包含数字替身。

数字化身：也称数字分身，在元宇宙中，每个自然人以拥有独立身份的数字化身形式存在，强调存在于数字世界中。数字化身可以是系统提供的随机木偶，也可以是真人的高度仿真，还可以是全新设计的完美形象。

数字替身：真实人类的数字复制品，强调尽可能忠实地还原人物的外观和表情。数字替身大多出现在影视的特效部分，可以让演员不必亲自拍摄，或者实现一些高难度的拍摄。迪丽热巴的虚拟形象迪丽冷巴、黄子韬的虚拟形象韬斯曼、"虚拟邓丽君"都属于数字替身。

总之，虚拟数字人作为元宇宙的一部分，已成为虚拟经济核心要素之一。清华虚拟大学生华智冰、抖音柳夜熙、冬奥会气象主播冯小殊、冬奥AI手语数智人聆语、阿里AYAYI、平安银行苏小妹、央视小C、万科崔筱盼、李未可、希加加、度晓晓、yoyo鹿鸣等不断涌现，一时间"满城尽是虚拟人"。

而且很多虚拟数字人，乍出道就盖过无数明星网红。比如柳夜熙，在2021年刚一出现就坐拥230万粉丝。阿喜，与纪梵希、雅迪、NOMOS、钟薛高、OPPO、奇瑞汽车、花点时间等知名品牌合作。苏小妹作为以传说中苏东坡的妹妹为创意原型的元宇宙虚拟人，2022年刚出道就登上北京卫视的春节晚会与真人合舞《星河入梦》，现入职平安银行，并被眉山市聘为"数字代言人"。虚拟数字人形象完美，制作成本高，但雇佣成本低，关键不会像一些流量明星动辄"塌房"啊！

虚拟数字人的兴起，反映了虚拟世界与现实世界走向融合的趋势。当然，虚拟数字人的发展尚处在早期阶段，受限于关键技术不成熟、制作方式自动化较低、生产门槛高，以及技术人才缺乏，产业发展还面临诸多难题。

相信，随着数字技术尤其是人工智能技术的进一步发展，未来的虚拟数字人将更加智能化、便捷化、精细化、多元化、平民化。

第4章

少年不知愁滋味，
爱玩"游戏"，倔强青铜

4月14日18时　胖子家中　胖子斥责在玩《黑客帝国：觉醒》游戏的大彭

胖子：你这是玩游戏，还是被游戏玩？

戴耳机的大彭充耳不闻，沉浸在游戏中。

胖子看着极具真实感的游戏画面，不由叹道：十多年前玩游戏，人物都能数得出像素块；现在的游戏，连发丝都如此清晰、真实。说这是高清大片，我也信。

天真接话道：是啊，从2D到伪3D，再到3D，从简陋的点阵到精细的建模，从简单的碰撞框到复杂的物理效果，游戏世界越来越接近真实世界，这离不开游戏引擎技术的进步。

4.1 创造万物的游戏引擎

在很多游戏玩家看来，震撼的场景、绚丽的特效、流畅的体验，都是游戏引擎的功劳。

游戏引擎是什么？先看定义。

游戏引擎，是指一些已编写好的可编辑电脑游戏系统，或者一些交互式实时图像应用程序的核心组件。

根据字面意思，很多人可能觉得游戏和游戏引擎如同汽车和发动机，其实不然。如果把游戏比作汽车，那么游戏引擎更接近制造汽车的工作台。

看一下游戏引擎的功能就清楚了。

游戏引擎可为游戏设计者提供编写游戏所需的各种工具，帮助其更快捷地做出游戏程序，而**不用从零开始**。

抓住关键：**不用从零开始**。

打个比方，假设你是一个程序员，刚编写完一个贪吃蛇的游戏，客户甲再让你做个贪吃蛟游戏，客户乙又要求做个贪吃龙游戏。你还会从零开始敲代码吗？没必要，只要把蛇的图片换成蛟或龙的图片，个别参数稍做调整就可以了。

被重复使用的代码，就可看作最初的**游戏引擎**，而蛇、蛟或龙的图片就是**游戏资源**。

当然，现在的游戏非常复杂，但重复物品也多，大到山丘、草地、河流，小到楼阁亭台、桌椅板凳，同类物品的构造方法完全一致，只是在颜色、大小、形状、位置等参数上有差异。**重复的各类建模代码，也算作游戏引擎的一部分。**

游戏世界的底层规则，也是游戏引擎的一部分，用以模拟现实世界的物理过程和化学变化等。 比如3D物体各表面的漫反射、反射、折射、光吸收、投影等光学效果，再如物体坠落又弹起、羽毛漂浮的重力、空阻效果，还有爆炸时的火光、响声、烟雾、碎片散布效果等。

偷懒的游戏开发者把这些重复用到的代码放在一起做个库，以后开发其他游戏时可以直接调用。游戏越做越复杂，这些代码也越来越复杂，就出现了渲染系统、脚本系统等。

所以，**游戏引擎实质上是游戏开发经验积累的实体化，具体表现为一些游戏开发工具和方法集，部分游戏资源等也会包含其中，称为游戏开发平台**更为妥帖。

打个比方，游戏引擎如同Word软件，游戏开发就是用Word软件写论文，游戏作品就是论文，游戏开发者是用Word软件写论文的人，游戏引擎开发者就是那个从零开始用代码开发出Word软件的微软工程师。

总之，作为游戏引擎，一般应包含以下内容：

(1) rendering，渲染角色和场景；

(2) animation，赋予角色动画效果；

(3) physic，模拟真实物理世界；

(4) control，通过设备输入执行角色操作；

(5) Internet，网络同步。

3D游戏是当今游戏的主流，3D游戏引擎也是比较复杂的游戏引擎。接下来便以3D游戏引擎为例，介绍引擎系统的复杂组成。

4.2　游戏引擎与电影拍摄场地

打个比方，如果把开发游戏比作拍摄电影，游戏开发者就是导演，负责剧本、演员、指导布景和指挥现场拍摄等，提供个性化素材；游戏引擎就是**设备齐全的电影拍摄场地**，提供灯光、摄像机、导轨、威亚等，是拍摄电影的标准化工具。

游戏引擎，主要包含渲染引擎(即渲染器，含二维图像引擎和三维图像引擎)、物理引擎、音效、脚本引擎、电脑动画、人工智能、网络引擎及场景管理。

首先是渲染引擎，作为引擎的所有部件里最复杂的部分，直接决定游戏最终的输出质量。渲染是引擎最重要的功能之一，先制作3D模型，相当于造型师根据剧本为演员造型。

美工再按照不同的表面，把材质贴图赋予模型，相当于化妆师结合造型给演员化妆。

然后渲染引擎会使用多种数学模型，模拟光和物体表面的交互作用，从局部光照到全局光照+光线追踪，模拟真实的光影效果。这相当于灯光师在布置灯光效果。

最后把模型、动画、光影、特效等所有效果实时计算出来，实现较高的拟真性，最终显示在屏幕上。相当于摄影师全程拍摄，剪辑师进行后期编辑和特效制作，呈现最终效果。

其次是物理引擎，定义虚拟世界的运行规律，并使模型按照规律进行运动。第一，通过物理引擎设定一些参数来模拟真实世界。比如，通过设定重力值和重力加速度，来决定角色能跳多高、落多快，以及子弹的飞行轨迹、车辆的颠簸方式等；第二，物理引擎的核心——碰撞探测，可以探测游戏中各物体的物理边缘。比如，两个3D模型相撞，碰撞探测可以防止它们相互穿过，这就确保当玩家撞在墙上，既不会穿墙而过，也不会把墙撞倒。

动画引擎可以分为两种：骨骼动画引擎和模型动画引擎。前者用内置的骨骼带动物体产生运动，后者则是在模型的基础上直接进行变形。这两个引擎都相当于动作指导或武术指导，为演员设计合理、规范的行为举止或武打动作。

引擎还有一个重要的职责，就是负责玩家与计算机的沟通，处理来自键盘、鼠标、摇杆和其他外设的信号。如果游戏支持联网，网络代码也会被集成在引擎中，用于管理客户端与服务器的通信。

游戏引擎会向并行处理、XR游戏兼容及云游戏等方向发展，不断加入更多新内容。

上述工作有点类似于场务，负责准备道具、选择场景、维护片场秩序、搞好后勤服务等。

游戏引擎从建模、动画到光影、粒子特效，从物理系统、碰撞检测到文件管理、网络特性，还有专业的编辑工具和插件，几乎涵盖游戏开发的所有重要环节。如同**电影拍摄场地提供了电影拍摄的所有必需工具**。游戏开发者可以像导演一样，把精力主要放在游戏剧情等方面，利用游戏引擎快速、高质量地完成游戏制作，并让画面和要素交互更生动、真实。

4.3 商业引擎、自研引擎和免费引擎

游戏引擎若按游戏类型来分，非常复杂，因为游戏的分类五花八门。

根据展示维度可分为2D、2.5D和3D等。

根据游戏载体可分为PC游戏、WAG(手机游戏)和主机游戏等。

根据是否联网可分为单机、局域网和互联网游戏。

根据玩法分类最复杂，有RPG(角色扮演游戏)、ACT(动作游戏)、AVG(冒险游戏)、AAG(动作冒险游戏)、SLG(策略游戏)、SRPG(模拟类角色扮演游戏)、RTS(即时战略游戏)、FTG(格斗游戏)、STG(射击类游戏)、FPS(第一人称视角射击游戏)、TPS(第三人称视角射击游戏)、PZL(益智类游戏)、SPG(体育竞技类游戏)、RCG/RAC(竞速游戏)、CAG(卡片游戏)、MUD(泥巴游戏)、TAB(桌面游戏)、MSC(音乐游戏)、MOBA(多人在线战术竞技游戏)等。

按引擎来源分类，游戏引擎可分为**商业引擎**(commercial engine)、**自研引擎**(in-house engine)和**免费引擎**(free engine)。

商业引擎针对不同需求的客户提供差异化服务，并收取不同费用。具备较强的灵活性，便捷易用、兼容性高，比较有代表性的有虚幻引擎(unreal engine)、Unity等。

在游戏开发中，引擎制作往往会占用非常多的时间。比如LithTech引擎，整整耗时5年、耗资700万美元开发而成。出于节约成本、缩短周期和

降低风险的考虑，游戏开发者倾向于使用第三方的现成引擎制作游戏，因而造就了一个庞大的引擎授权市场。

自研引擎是各大游戏公司内部使用的引擎，用以开发高品质、高特异性的游戏。其自定义程度高，能构成自身护城河，避免被第三方技术垄断，可以更好地服务于公司内部游戏产品，比如寒霜引擎(frostbite engine)、育碧的Anvil和Snowdrop引擎、网易的NeoX引擎等。

免费引擎通常只适用于轻量级作品，与商业和自研引擎差距较大，比如C2engine、Cocos、Egret、Layabox、Turblenz、Lumberyard等。

国内的游戏引擎开发技术与国外的游戏引擎开发技术还存在一定差距。

4.4 "跨界暴击"、应用广泛的游戏引擎

游戏引擎的应用，不仅限于游戏开发，并将越来越广泛。

游戏引擎已经跨界应用在影视制作、自动驾驶仿真测试、港口数字化转型等许多领域。以影视制作为例，借助游戏引擎的虚拟制片模式正成为新潮流，如《权力的游戏》《曼洛达人》《西部世界》等，可以提升拍摄效率，节省搭建实景的成本。

Unreal等游戏引擎已广泛应用于教育、建筑等多个领域。Digital Design公司利用Unreal引擎制作巴黎圣母院的内部虚拟演示；Zen Tao公司用其制作空手道选手的武术训练软件；Vito Miliano公司也用其开发了Unrealty建筑设计软件，用于建筑物的演示。

游戏引擎，必将成为元宇宙时代重要的内容创作工具，成为构建元宇宙的基石之一。

游戏世界和元宇宙，本质上都是数字世界。游戏引擎创造的虚拟世界，与元宇宙构建的虚拟空间，具有概念相似性和技术通用性。

现在很多网游已发展成多人实时在线的大型虚拟世界游戏，这与元宇

宙的构想高度吻合，而开发工具——游戏引擎，作为构建虚拟世界的底层框架，自然也能作为元宇宙的开发工具，成为人类创意或者想象力的生产力工具。

同理，游戏引擎也成为数字孪生技术的核心。

4.5 会"动"的数字孪生体

数字孪生是什么？

数字孪生(digital twin)，直译为数字双胞胎，也被称为数字映射、数字镜像。

直白一点说，数字孪生就是**为现实对象创造一个数字化的"克隆体"，这个"克隆体"被称为数字孪生体。**

再看正式定义：

数字孪生，是充分利用物理模型、传感器更新、运行历史等数据，集成多学科、多物理量、多尺度、多概率的仿真过程，在虚拟空间中完成映射，从而反映相对应的实体装备的全生命周期过程。

简单解释，数字孪生体就是把现实世界中的对象，以数据的形式映射到数字世界。数字孪生不是对现实对象的简单克隆，而是一套独立于该对象的数字系统，不仅能还原本体的内部状态、外部环境，还能跟现实世界进行实时互动。

有人会问，这不就是计算机上的设计图纸吗？CAD搞搞不就有了。

其实不然。与设计图纸相比，数字孪生体最大的特点在于：**动态，它会"动"，能随着实体对象的变化而变化。**

"动"的依据来自本体的物理模型、本体传感器反馈的实时数据和本体运行的历史数据。

换句话说，本体的实时状态和外界环境、条件等，都会复现到数字孪生体上。

举个例子，一架飞机的数字孪生体，能完整反映该飞机各部位的当前状态和它所处的环境，这些都是实时更新的。如果飞机出现异常，推测是某处螺丝松了，但如果螺丝很多，怎么判断具体是哪个螺丝松了呢？人工排查耗时太长。这时，数字孪生体就会把每一处可能的故障螺丝快速模拟旋紧或松动，找出故障螺丝再由维修人员对飞机本体维修，这就是从数字世界反馈到物理世界，解决现实问题。

所以，**数字孪生体，是一种对接现实世界和数字世界的技术**。如何在数字世界还原本体的内部状态、外部环境，这是游戏引擎技术最擅长的。

如果想对系统做改动或了解系统在极端条件下的反应，工程师们可以先在数字孪生体上做实验，这样既避免了对本体的影响，也可以提高效率、节约成本。

比如，为了更好地维护战斗机，可以采用数字孪生技术，通过对运行数据进行连续采集和智能分析，预测维护的最佳时间点，提供故障点和故障概率的参考信息。

4.6 数字孪生教你如何打赢泰森

除了会"动"，理解数字孪生还需要记住三个关键词：**全生命周期、实时/准实时、双向**。

(1) **全生命周期**，是指数字孪生可以贯穿产品包括设计、开发、制造、服务、维护乃至报废回收的整个周期。它并不仅限于帮助企业更好地造出产品，还包括帮助用户更好地使用产品。

(2) **实时/准实时**，是指本体和孪生体之间，可以建立全面的实时或准实时联系。两者并不完全独立，映射关系也具备一定的实时性。

(3) **双向**，是指本体和孪生体之间的数据流动可以是双向的，并不是只能由本体向孪生体输出数据，孪生体也可以向本体反馈信息。本体可以根据孪生体反馈的信息，采取进一步的行动和干预。

怎么理解呢？举个例子，你苦练自由搏击18年，还掌握少林72绝技、武当内功心法，以及排山倒海掌、葵花点穴手、子曾经曰过嘴炮功等武学，想试下如何在自由搏击的情况下打赢泰森。

那么邀战前，为了提高胜率，可以创建你和泰森的数字孪生体，输入真实的身高、体重、臂展、体力、拳劲、躲闪、格挡、抗击打、招式、场地等信息，再通过AI不断模拟、演练，寻找胜率最大的最优解。

有人肯定会说，这不就是仿真模拟吗？仅仅如此的话，仿真模拟可以做到。

但开战后，你按照AI给的最优解打套路拳，但泰森不会完美配合你，于是你意外受伤，打乱了既定节奏。

在这危急时刻，仿真模拟是指望不上的，但数字孪生可以帮你。

此时，你本体的受伤情况、对体能的影响等，会在数字孪生体上及时呈现，这就是**实时**。

然后数字孪生体在AI的帮助下及时调整计划，采取最佳应战策略，再将信息传递给你具体实施，信息一来一去，这就是**双向**。

而且数字孪生不仅限于这场搏斗，如果对你和泰森的身体的历史信息采集得非常全面、深入，就能预测出某日某时，泰森的身体状态处在低谷，而你正在巅峰。赛后也能基于大数据模型预测，帮你尽快恢复或者"治未病"、养生保健等，这就是**全生命周期**。

结合赛场的温度、湿度和空调风向，考虑擂台地板的弹性、摩擦力、边绳能提供的弹力等环境信息，还要充分利用泰森受过伤的右手大拇指在每次强力对抗后的变化等信息，通过发出某种特定频率的声音让对方从潜意识里压制兴奋或引起狂躁，或通过某色彩在一定节奏上晃动使其产生强烈受挫感等。

理论上，虽然战斗力较弱，但只要差距不是大到轻易被KO或无法破防，还是有机会战胜泰森的。当然数据量要足够大，加上AI强大、5G给力，再充分做到《孙子兵法》的知己知彼。

4.7　数字孪生和仿真模拟

结合与仿真模拟的对比，来深入理解数字孪生。

相同点：都是利用数字模型来复制系统的各种过程。

不同点：

(1) 仿真模拟通常研究一个特定过程，但数字孪生本身可以运行更多数量的有用模拟，以便研究多个过程；

(2) 数字孪生可以提供一个更丰富的虚拟环境，便于持续学习并分析，也就是在规模上远超仿真模拟；

(3) 仿真模拟通常不会从实时数据中受益，但数字孪生是双向信息流，即对象传感器不是单向地向系统提供相关数据，系统的分析结果也能及时反馈给物理设备。

数字孪生起源于工业制造，主战场也是工业制造，给工业制造带来了显著的效率提升和成本下降。现在，以游戏引擎为核心的数字孪生技术，在拍摄、建造、施工、运维等方面降本增效，成为传统基建与新基建的关键纽带。

从本质上看，**数字孪生并不是一项帮我们把现实世界搬到数字世界中的技术，而是一套帮助现实世界变得更好的解决方案**。而这也是几乎所有技术创新都需要坚守的价值原点。

第5章

万山不隔5G网，6G能传寄远书

5月18日10时　野外烧烤　胖子和大彭在手机游戏中对战

胖子得意地说：手速再快，能有我的5G快？

大彭恼道：等我换了6G！

5.1　万山不隔5G网

4G改变生活，5G改变世界。热度非常高的5G是什么？

先看百度百科的定义：

5G，第五代移动通信技术(5th generation mobile networks、5th generation wireless systems、5th-generation，简称5G或5G技术)，是最新一代蜂窝移动通信技术，也是继4G(LTE-A、WiMax)、3G(UMTS、LTE)

和2G(GSM)系统之后的延伸。

5G的本质，是高速率、低时延的信息传输，并将无处不在。

相对于4G，5G的三大优势非常明显。

(1) 高速率：数据传输速度的峰值在理论上可达20Gb/s，即2.5GB/s，比4G网络的传输速度快10倍以上，比当前的有线互联网快。换句话说，一部1GB的电影可在4s内完成下载。

(2) 低时延：5G的时延理论上低于1μs，而4G为30~70μs。在当前的应用中，5G的时延为10μs左右，比人的反应速度还要快。

(3) 广连接：5G网络不仅为手机提供服务，还将为一般性的家庭和办公提供网络服务，与有线网络提供商竞争。5G网络配合其他技术，空间将在数据意义上急剧压缩，以后会出现万物互联的全新景象。

5.2　5G的妙用

5G能给人们带来什么呢？

就目前来讲，4G确实够用，但5G的意义不仅仅在于通信技术的升级换代，也不在于单纯地让网速快起来，更深远的意义在于，**5G作为一种赋能，能与物联网、人工智能、大数据、云计算等技术紧密结合，在现实世界和数字世界之间搭起一个数据交互的桥梁**，极大地改变人类未来10年的生产、生活和工作方式。具体来说，未来的很多场景都需要5G技术来支撑。

1. AR、VR

AR、VR是离我们每个人最近的5G应用。利用5G的高速率和低延时特性，可以直接将图像的渲染、处理等功能放到云上，将大量的数据传到云上。AR、VR设备的价格将大幅下降，终端的普及将极大地推动各种AR、VR应用的爆发。

2. 无人驾驶

作为一个综合且复杂的系统，车与云的协同、车与车之间的通信、保证距离与速度、采集道路实时信息、路径规划等，都对高速率、低时延提出了非常高的要求，这是5G能做到，而4G做不到的。

3. 工业智造

现有工业体系相对封闭，多个设备、环节采用的通信方式不同，所以很难实现系统的统一管理和云化。但通过5G，可以统一并整合现有的协议，助力数据的统一化，进而实现数据的智能化。例如，工厂的机械臂用WiFi，云化小车用ZIGBEE，摄像头用有线网络，扫码用4G，协议众多，用5G可以做到网络协议的统一，实现各平台中数据的统一管理，并将大数据整合起来实现更好的智能化。

4. 协同系统

比如你要维修一辆车，而专家在异地，就可以利用5G的低时延特性实现远程的协同来共同操作。又如远程医疗，在有线网络覆盖不到的山区、野外，或人在交通工具上突发疾病需要手术等紧急场景下，医生可通过5G远程诊治。

5. 云终端

利用5G的高速率、低时延特性，可以把手机和计算机的所有存储、运算、处理等工作全部交给云端，使其成为只负责输入和输出的云手机、云计算机。

例如远程全息会议、智慧城市、数字政府等，以及5G支持下的高清视频监控、报警快速响应，使得人身和财产安全得到更好的保护；5G广泛接入获取海量数据资源，提高政府决策的科学性和准确性；5G智能交通系统和车联网，能降低事故率和拥堵程度……5G时代，人类将从"人机互联"发展到"万物互联"，发展潜力和想象空间巨大，5G将深刻影响人们未来的生活和工作。

5.3　6G的特征

现在5G尚未完全普及，大家主要使用4G，谈论6G为时过早吗？

其实，6G已经在来的路上了。相对于5G，6G在峰值速率、时延、流量密度、连接数密度、移动性、频谱效率、定位能力等方面优秀很多。比如，放置一颗药丸大小的传感器在体内监测生理指标并将其传输出来，数据传输能量消耗大，这方面5G做不到，但6G能完成。

6G，即第六代移动通信技术，是一项概念性的无线网络移动通信技术，也被称为第六代移动通信标准。

相对于5G，6G有三大特点。

(1) 能实现全球覆盖。6G无线网络既有地面基站，也需要非地面基站，能实现地面、卫星网络和机载网络的无缝转换。比如海洋、沙漠、原始森林等区域是5G覆盖不到的，但6G通过卫星网络可以覆盖。

(2) 更多的频谱资源。6G包括5G现有的sub-6G和毫米波频段，以及太赫兹(THz)和可见光频段，比如，传统的GPS和蜂窝多点定位精度有限，难以实现室内物品精准部署，但6G则足以实现对物联网设备的高精度定位。

(3) 和人工智能、大数据技术紧密融合。智能传感、智能定位、智能资源分配、智能接口切换等都将成为现实，人类社会的智能程度大幅度跃升，可以更好地应对更加复杂的异构网络、多样的通信场景，以及满足其他应用需求。

5.4　6G和7G正在路上

如何判定某网络是6G，而非5G的简单增强呢？6G技术有6个关键指标。

(1) 超高传输速度。6G峰值传输速度达到100G～1Tb/s，而5G仅为10Gb/s。

(2) 超高精度定位。6G室内定位精度10cm、室外1m，与5G相比，提高10倍。

(3) 超低通信时延。6G通信时延近0.1μs，是5G的十分之一。

(4) 超高可靠性。中断概率小于百万分之一。

(5) 超高密度。连接设备的密度可达到每立方米过百个。

(6) 超大网络容量。采用太赫兹频段通信，网络容量达到5G的千倍以上，每平方千米可以支持1 000万台设备。从地面连接延伸到空域连接，网络直上万米高空，实现太空、天空、水中的3D覆盖。

因此，**6G网络将是一个地面无线网络与卫星通信网络集成的全连接世界**。通过将卫星通信整合到6G移动通信，实现全球无缝覆盖，网络信号能够抵达任何一个偏远的乡村，让偏远山区的病人能接受远程医疗，让孩子们能接受远程教育。

6G的未来应用还包括身体域网络、多感官混合现实、超能交通、虚拟助理、触觉互联网、全息、智能交互、空间通信等。比如身体域网络，可以在人体内安装纳米机器人，作为五脏六腑的"家庭医生"，24小时动态监控身体各器官，对病变进行预测和提前干预，从而提升生命质量。

总之，6G通信技术不是简单的网络容量和传输速率的突破，而是能够充分缩小数字鸿沟，实现万物互联，进而实现元宇宙。

据说7G也在研究中，主要用于解决空间漫游的问题。6G网络实现了地球上的万物、人、卫星的一体化网络，但不同卫星系统之间如何连接、切换、漫游仍是一个问题，比如美国GPS、中国北斗、俄罗斯格洛纳斯和欧盟伽利略这四大系统之间的切换与漫游问题。

也许以后我们可以使用7G，和移民去火星的朋友聊天。

当然，那时可能已没有"nG"的称呼，因为网速会快到任何正常数据量的传输都不需要进度条或等待时间，一切都将唾手可得。系统只会提示——您已连接网络。

5.5 移动互联网：走哪联哪

在通信技术的加持下，互联网也能走哪联哪，衍生出移动互联网。

移动互联网，是指移动通信终端与互联网相结合成为一体，使用户使用手机、Pad或其他无线终端设备，通过速率较高的移动网络，在移动状态下(如在地铁、公交车上等)随时、随地访问互联网以获取信息，使用商务、娱乐等各种网络服务。

这是移动互联网的定义，**其本质仍是互联网，核心是"移动"**。可以从上网设备、即时连接、应用服务、身份统一和彰显个性5个方面来理解。

1. 上网设备

上网设备以手机为主，还有Pad等其他无线智能终端。以前的手机，相当于手持式电话机，是通信设备；现在的手机，实际是手持式计算机，是互联计算设备。现在的手机运行内存基本在8GB以上，2013年的主流台式机内存也不过4GB。手机制造商也发生了天翻地覆的变化，曾经辉煌无比的诺基亚、摩托罗拉、波导等通信公司，早已被苹果、三星、华为、小米等计算机公司或互联网公司所取代。

2. 即时连接

即时连接，即随时随地接入移动互联网。移动化是移动互联网区别于传统互联网的重要特征之一。用户可以随身携带和随时使用移动终端，在任意场景下使用移动互联网提供的应用服务，比如娱乐、支付、导航等。

移动设备以远高于PC的使用时间伴随在人身边。因此，使用移动互联网相对于PC上网有着无可比拟的便捷性，使得移动应用全面融入人们的日常生活，满足衣食住行、吃喝玩乐等各种需求，不断影响和改变着人们的生活方式。

3. 应用服务

移动互联网网络速度快、质量高，可支持各种应用。现在是4G视频时代，催生了抖音、快手等视频网络公司。移动互联网具备速度快、通信灵活、智能程度高、通信质量高、费用便宜的特点，能够满足几乎所有用户对无线服务的需求。

而5G比4G快得多，使图像识别、手势识别、人脸识别、语音识别等的处理更加快捷，可以实现多种设备间的相互交互、更强大的VR和AR系统、触手可及的人工智能、工厂中的智能机器人、车与车通信、万物联网等。

到了6G时代，速度更快，应用也更加广泛。可以满足人们在任何地域，如空中、卫星上、海洋中、荒漠中、原始森林中、珠穆朗玛峰顶等的一体化通信需求；还可以通过触觉互联网传递味觉、触觉，甚至情感等信息。比如，消费者在线购物时可以感知面料质感，医生可以远程为患者诊断健康状况，工程师可以远程对自动化工厂进行紧急维修，异地的恋人可以拥抱、亲吻，大洋彼岸的爷爷奶奶可以远程抱孙子，等等。

总之5G、6G等通信技术的发展，将推动移动互联网、物联网、人工智能、XR设备等的飞速发展，深刻改变人们的生活。

4. 身份统一

手机与手机持有人一般是身份绑定的。身份统一是指移动互联网用户的自然身份、社会身份、交易身份、支付身份通过移动互联网平台得以统一。比如，在网银里绑定手机号和银行卡，支付时验证手机号就可以直接从银行卡里扣钱。很多个人信息本来是分散的，随着移动互联网的发展和相关平台的完善，分散各处的个人信息将在手机处得到统一。

5. 彰显个性

由于手机一般都由个人持有、使用，私密性比较好，因此可以个性化设置，满足人们的个性化需求。手机上的移动应用也可以通过大数据技术实现个性化设置。

如果说传统互联网是计算机与计算机的连接，那么移动互联网不仅是手机与手机的连接，更是人与人的连接、人与物的连接。

5.6 星链计划是"地图透视超级辅助"吗

玩过游戏的人都知道具有地图透视功能的辅助程序(简称"地图透视辅助")的厉害，无论是《和平精英》等射击类游戏，还是《魔兽争霸》等即时战略类游戏，都可以依靠地图透视辅助以弱胜强。

星链(Starlink)计划是美国太空探索技术公司(SpaceX公司，由埃隆·马斯克创建)在2015年提出的一个项目。该项目计划从2019年至2014年在近地轨道部署约4.2万颗小型卫星，组成星链网络，在全球范围内提供全天候、低时延的高速互联网接入服务。截至2022年8月9日，SpaceX星链卫星发射数量已超3000颗。

星链计划并非6G，很难在大众中普及。星链计划试图通过卫星搭建超大号的"全球WiFi"，实现对所有偏远地区的信号覆盖，这是不现实的。

(1) 星链计划的设计频段在11G～13GHz，而目前的智能手机的WiFi频段在2.4G～5GHz，两者相差近5倍，需要专门的星链路由器来降频弥补差距。

(2) 在高频率波段，卫星信号对物体的穿透能力远弱于普通WiFi信号，为此要在地面建立超100万个传输基站，还不如直接建常规5G基站。

(3) 6G的关键指标之一是超高传输速度，峰值传输速度达到100G～1Tb/s。但星链因为距离遥远等诸多因素，网速甚至不如4G。

总之，星链计划无法广泛普及，更非6G，但可以为同样涉及星地互联通信的6G提供一些借鉴。

星链计划不仅技术上难以广泛普及，还会带来种种负面影响，体现在以下方面。

(1) 抢占低轨资源，引发各国对近地轨道和频谱资源的竞争。

根据权威专家的说法，目前轨道高度为400km～2000km的近地轨道，一共才可以容纳大约6万颗卫星。而星链计划若发射完成4.2万颗卫星，将占据大量近地轨道和空间频谱资源。

由于国际电信联盟对近地轨道和空间频谱获取实行"先到先得"原则，这意味着已被申请的频段和轨道，以后其他国家只能避开或高价购买，其太空探索行为必然大受限制。

打个比方，某小区停车位"先占先得"，于是就会有人用很多低价车抢先占有大量车位，等以后车位紧张时高价出售。

(2) 给其他国家和平利用太空带来严重威胁。

4.2万颗星链卫星，将会使地球近地轨道异常拥挤，卫星碰撞风险提高数倍。

举个例子，"星链-2305"曾突然降低轨道，跑到天和号核心舱附近的轨道，理由竟然是失控。不久后，该卫星突然又向我国空间站冲过来，迫使我国空间站不得不紧急避让。

同时，星链卫星的寿命很短，一般只有5年，然而SpaceX公司却没有回收计划。而这些滞留太空的太空垃圾，如果在必要时被"重新启动"，则化身"自杀卫星"也不无可能。

就像一条公路，即使现在还算宽阔，但只要车多了，尤其报废车多了，出现碰撞等事故的概率必然大大增加。

(3) 对世界天文探索和天文观测造成极大影响。

如此多的星链卫星在近地轨道密布，必然成为观测太空的障碍，也必然会对我国"天眼"的太空观测造成不良影响。星链计划因此受到了众多天文学家和天文观测者的批评。

总之，星链计划强调是为全世界提供更稳定的网络，但并不现实。因其具有军事项目合作背景，其他国家的军方极有可能通过搭载侦察、导航等不同星上载荷，实现星链的军事化应用，增强在侦察遥感、导航定位、打击碰撞、太空遮蔽等方面的作战能力。

第6章

云中谁连"物联网"？
人将回时，灯满西楼

6月6日19时 咖啡厅内 大彭对胖子吐槽

大彭：表哥，我天生胆小、不经吓，下次家里装啥黑科技，能不能提前说一声？

胖子抱歉道：前些天你正好在老家，没来得及告诉你。

温好好奇地问：咋了？

大彭：昨晚快下雨时，我去关窗，刚走到窗前，眼睁睁看着窗户自己关上了。

刚想去冲澡，热水器竟然未卜先知地主动搭话，大彭又被吓了一跳。

胖子解释道：窗户装的是空气湿度感应器，可根据环境湿度自动开合。热水器加了个远程控制设备，那会儿我正巧在办公室远程遥控。

天真笑道：这都是物联网技术惹的祸啊。

6.1 人连人，人连物，物连物

物联网(Internet of things，IOT)，又称泛互联，即物物相联的互联网。

怎么理解呢？主要有两点：一是物联网的核心和基础仍是互联网，是在互联网基础上的延伸；二是用户端扩展到了物品与物品之间的信息交换和通信。

既然本质还是互联网，为什么不叫互联网呢？一般说互联网，我们认为是**人与人的连接**，即人通过计算机、手机、Pad等终端设备相互通信，绝大部分数据都是由人提供的。而物联网，不仅是人与物的连接，主要是**物与物的连接**，物联网的大部分数据都是由物提供。

为什么要有物联网呢？一切源于人对"连接"的追求。人们想低成本、便捷、高效地"连接"，互联网便诞生了。人们希望不受计算机或网络限制，能够随时随地"连接"，移动互联网就出现了。人们还想"连接"和控制物品，比如在办公室把家里的窗户关掉，于是给窗户安装嵌入式系统进行远程控制；再进一步，干脆给窗户配个温湿度传感器，让它根据温湿度变化自动开关。为了实现物与物"连接"，物联网就出现了。

物联网的意义在于通过物联网，将物理世界的事物及行为转化为数据，构建成数据世界，再通过数据世界更好地指导和改造物理世界。

举个例子，你出门时拿起背包，它会马上告诉你钥匙落在沙发夹层，手机还在书房，楼下的无人驾驶车5分钟后到达，这就是未来生活中的物联网应用。

6.2 假如物联网是人体

百度百科的定义：**物联网，是通过射频识别、红外感应器、全球定**

位系统、激光扫描器等信息传感设备，按约定的协议，把任何物品与互联网相连接，进行信息交换和通信，以实现对物品的智能化识别、定位、跟踪、监控和管理的一种网络。

通过定义，我们可以看到物联网的**整体架构**，其中"射频识别、红外感应器、全球定位系统、激光扫描器等信息传感设备"是**感知层**；"进行信息交换和通信"的是**网络层**；"实现对物品的智能化识别、定位、跟踪、监控和管理"的是**处理层**；为最终用户提供应用服务的是**应用层**。

因此，**物联网的基本特征可概括为整体感知、可靠传输和智能处理**。

打个比方，如果把物联网比作人体，那么每层的功能如表6-1所示。

表6-1　物联网的结构

层次	功能
感知层	相当于人的眼、耳、鼻、舌和皮肤等感官器官，用来感知、采集来自物理世界的各种信息，包含大量的传感器，如温度传感器、湿度传感器、重力传感器、加速度传感器、气体浓度传感器、土壤盐分传感器等
网络层	相当于人的神经中枢，起到信息传输的作用，包含各种类型的网络，如互联网、移动通信网、卫星通信网等
处理层	相当于人的大脑，起到存储和处理的作用，包括数据存储、管理和分析平台
应用层	直接面向用户，满足各种应用需求，如智能交通、智慧农业、智慧医疗、智能工业等

举个例子，"车来了"这款App是物联网的典型应用，可以随时随地查询每辆公交车的实时位置，距离你所在的公交车站还有几站、需要多长时间。这里的感知层是安装在公交车上的定位设备，负责实时采集公交车当前位置信息；网络层是安装在公交车上的3G/4G网络传输模块和移动通信网，负责实时将车辆位置信息发送给调度中心；处理层是智能公交指挥调度中心的数据处理平台，负责及时将公交车位置数据发送给手机用户；应用层就是手机上安装的"车来了"App，负责将接收到的数据显示给用户，供用户使用和参考。

6.3 物联网的四大神通

物联网的关键技术包括识别和感知技术、网络与通信技术、嵌入式系统技术、数据挖掘与融合技术等。这些其实在我们的日常生活中很常见。

1. 识别和感知技术

二维码作为物联网中一种很重要的自动识别技术，是在一维条码基础上扩展而来的条码技术。二维码具有信息容量大、编码范围广、容错能力强、译码可靠性高、成本低、易制作等良好特性，应用非常广泛，适用于商超、物流、医疗、图书馆、餐饮、服装、便利店、影院、ATM机、快递储物柜、POS收银机等场景。

RFID技术用于静止或移动物体的无接触自动识别，具有全天候、无接触，可同时实现多个物体自动识别等特点。我们平时使用的公交卡、门禁卡、校园卡等都嵌入了RFID芯片，可以实现快速、便捷的数据交换。

传感器是一种检测装置，能感受到被测量的信息，并能将感受到的信息，按一定规律变换成电信号或其他所需形式的信息输出，具有微型化、数字化、智能化、网络化等特点。常见的传感器类型有光敏传感器、声敏传感器、气敏传感器、化学传感器、压敏传感器、温敏传感器、流体传感器等，可以用来模仿人类的视觉、听觉、嗅觉、味觉和触觉，比如额温枪、烟感报警器等就使用了相应类型的传感器。

2. 网络与通信技术

网络与通信技术主要分为短距离无线通信技术和远程通信技术。短距离无线通信技术包括蓝牙、WiFi、Zigbee、NFC、Z-WAVE、6LowPAN、Sigfox、Thread、Neul、LoRa、NB-Iot等。远程通信技术包括互联网、2G/3G/4G移动通信网络、卫星通信网络等。

3. 嵌入式系统技术

物联网想要实现的不只是感测状态，将状态"可视化"，更在于"控制"，主要目的是对设备和环境进行干涉，控制世界并使其向理想状态发展。因此，嵌入式系统技术是物联网的关键技术之一。

嵌入式系统作为控制、监视或者辅助操作机器和设备的装置，是一种以应用为中心，以计算机技术为基础，软硬件可裁剪，可满足应用系统对功能、可靠性、成本、体积、功耗等严格要求的专用计算机系统。采用嵌入式系统的智能终端产品随处可见，比如运动手环、手机、平板电脑、相机、小爱音箱、智能咖啡机等。

4. 数据挖掘与融合技术

物联网中存在大量数据来源、各种异构网络和不同类型的系统。如此大量的不同类型的数据，如何实现有效整合、处理和挖掘，是物联网处理层需要解决的关键技术问题。云计算和大数据技术的出现，使得海量物联网数据可以借助庞大的云计算基础设施实现低成本存储，利用大数据技术实现快速处理和分析，满足各种实际应用需求。

6.4 万物智联，让魔法成为现实

随着5G的推广和IPv6的普及，万物互联必然会实现，物理世界必将逐步全面数据化。

物联网作为人工智能发展的重要基础，会和人工智能技术进一步结合。人工智能设备全面渗透，能够自我学习和完善，进而极大地推动物联网的发展。

以人体数字化为例，随着可穿戴设备的发展，人体数字化程度越来越全面、深入，既包含体温、血糖等生理数据，也包含运动方式及时长、运动时心率、消耗热量等运动数据；既包含深浅睡眠起止时间、睡眠质量等睡眠数据，也包含脑电波频率、激素分泌等情绪数据；既包含病历、检查、诊断、药方、手术记录等医疗数据，也包含三餐时间、食量及营养成分、饮水量等饮食数据，以及气温、湿度、空气质量、光照等环境数据。

医生可以分析长周期的个人健康数据，但对于实时变化的海量数据，要做到及时响应，就必须依赖人工智能。人工智能还可以根据各指标间的相关性变动、异常数值变化等，预测健康状况趋势，评估患某些疾病的可能性，实现"治未病"。物联网和人工智能助力下的人体数字化，可以科学、合理地维护人体健康，并为精准施治提供可靠依据，是个人保健和现代医疗的必然发展趋势。

物联网和人工智能的融合是必然趋势，并将成为数字世界发展的新契机。我们将迈入一个万物互联的智能时代。在不久的将来，就会出现这样的场景：一顶帽子在路上疯狂地奔跑哭喊，想要追上丢失它的"马大哈"主人；吃饭时，腰带死死勒住你，劝谏不要暴饮暴食；上床时，床幽幽地埋怨，你又胖了；想喝酒，要打开酒柜拿瓶酒，酒柜说，你血压高了，不准喝；要开空调，空调说，今天休假不舒服，你去隔壁屋吧，甚至给你在附近酒店订好了房间。

万物智联，让魔法成为现实。

6.5　车连万物的车联网

车联网(Internet of vehicles，IoV)，是由车辆位置、速度和路线等信息构成的巨大交互网络。

车联网属于物联网的一种，即车辆物联网，是以行驶中的车辆为信息感知对象，借助新一代信息通信技术，实现车与车、人、路、服务平台之间的网络连接，计算出不同车辆的最佳路线，及时报告路况、天气并安排信号灯周期等，提升车辆整体的智能驾驶水平，实现汽车、道路与人的有机互动，提升社会交通服务的智能化水平。

简单解释，**车联网，即车内是一个局域网，车跟车组成车际网，车际网与互联网相联，三者基于统一的协议，实现人、车、路、云之间的数据互通，并最终实现智能交通、智能汽车、智能驾驶等功能。**

再简单一点来说，**车联网就是车联万物**，因为不只是把车与车连在一起，车与行人、车与路、车与基础设施(信号灯等)、车与网络、车与云都连接在了一起。

- V2V(vehicle to vehicle)：车与车
- V2P(vehicle to pedestrian)：车与行人
- V2R(vehicle to road)：车与路
- V2I(vehicle to infrastructure)：车与基础设施
- V2N(vehicle to network)：车与网络
- V2C(vehicle to cloud)：车与云平台

以上可统称为V2X(X代表任何事物，即车联万物)。有的书把V2理解为车联网，这样是不准确的。实际上，真正的车联网就是V2X。

车联网有什么应用或好处呢?

车即将没油或没电了，云端会及时告知车主，哪里有加油站(充电桩)。某个零部件数据异常了，云端会进行分析，告知可能的风险。

每天下班回家前，只要输入希望到家的时间，云端就会分析每条路段在某个时间可能产生的车流量，结合道路通过能力及周边道路状况，计算出最合适的出发时间和路线。

车联网能让所有联网的汽车变成一个整体，共享道路信息。比如，前方汽车发现事故、堵车等异常，及时上报云端，后方汽车就可以收到预警，提前变更行驶车道或路线。

同时，每辆汽车都可以变身"电子警察"，交通违法甚至整个社会的犯罪率都会大幅降低……

总之，车联网时代到来后，驾驶会变得更加智能、更有乐趣。

6.6 省心的自动驾驶

顾名思义，**自动驾驶，也称无人驾驶，就是不需要人类操作即能感测环境并导航行驶。**

简单理解就是不需要人类司机了，你只要舒舒服服地躺在后排，吩咐一下想去哪儿，自动驾驶汽车就能自动把你带到目的地，并自动泊车。全程不需要人类干预，全靠人工智能。

现在，这么省心的自动驾驶离我们到底还有多远？

1.5个驾驶等级

首先需要了解自动驾驶的分级。

自动驾驶的分级是由SAE(美国汽车工程师学会)定义的从L0到L5的自动驾驶等级，即人工驾驶、辅助驾驶、部分自动驾驶、有条件自动化驾驶、高度自动化驾驶、完全自动化驾驶。具体定义如下。

L0：人工驾驶，驾驶员完全掌控车辆。

L1：辅助驾驶，驾驶员仍为主要掌控者，系统只会在特定的情况下介入。比如常见的防锁死刹车系统(ABS)与动态稳定系统(ESC)，一般在驾驶员驾驶不慎时介入。

L2：部分自动驾驶，驾驶系统可以完成某些任务，但驾驶员仍然需要实时监控环境。与L1类似，功能更加多元与高级，比如多了自动紧急刹停(AEB)、主动式巡航控制(ACC)、车道偏移辅助(LKA)。

L3：有条件自动化驾驶，在某些特定情况下，驾驶系统可以完全掌控驾车，暂时解放驾驶员。驾驶员可以在适当时刻看手机，但不能深度休息，以便紧急时接手。比如，拥堵自动辅助驾驶，允许用户在堵车时开启无人驾驶模式，但交通顺畅或需要通过路口时，用户必须重新接管。

L4：高度自动化驾驶，驾驶系统不再需要用户的紧急应答，可以完全接替用户，用户可以进入完全放松状态。然而需要满足一定条件，比如天气晴朗或只在高速适用，但相对于L3，限制条件已大为减少。

L5：完全自动化驾驶，自动驾驶的终极形态，系统在任何情况下都可以安全掌控汽车，不再需要用户的介入。

那么，现在的自动驾驶技术到底到了哪个等级呢？

虽然许多公司正在全力研究L4及其以上的技术，但是能够量产的智能驾驶车辆大多只达到L2级别，部分拥有L3功能，且由于限制太多，仍然不成熟。

2. 存在的困难

那么，阻碍自动驾驶汽车广泛普及的因素主要有哪些呢？

(1) 用于训练自动驾驶算法的数据成本太高。

人类的新手司机需要不断训练，才能变成事故率很低的老司机，自动驾驶更是如此。自动驾驶算法需要使用大量的已标注数据进行训练，才会变得越来越智能。否则，无论硬件多先进，人工智能的数学模型、算法多优秀，缺乏场景丰富、精度高标注的数据，自动驾驶系统只能是一个事故频出的新手司机。

一般来说，数据分为真实场景数据和仿真模拟数据。前者是在真实世界收集各种驾驶场景下的摄像头、激光雷达、雷达、GPS定位等数据并进行人工标注，成本较高。而后者则是利用各种游戏引擎模拟出现实世界的场景数据，成本相对低廉。

打个比方，我们学围棋，前者是人类棋手陪练，后者是计算机陪练，但最终还是要和人类棋手对弈。

真实数据的成本有多高呢？一家德国自动驾驶公司，工程师开着测试车收集数据，一小时工资至少60欧元。

如今滴滴和Uber等打车平台都在研发自动驾驶，因为这样就可以**在自己平台的车辆上安装传感器，低成本地获取行驶数据，以及收集驾驶过程中可能存在的极端情况数据**。

总之，自动驾驶技术的开发耗财耗时，常因资金问题遇到发展瓶颈。

（2）需要配套的智能交通基础设施建设，包括5G、物联网、智慧城市等。

"聪明的车"需要"智慧的路"，才能安全、顺畅地行驶。

我国的自动驾驶技术发展路径与欧美讲求"单车智能"不同，更倾向于"车路协同"，即智慧道路和智慧城市等基础设施为自动驾驶提供协同。

数字化的城市能提供更高的定位精度，为自动驾驶汽车创造更加理想的驾驶环境，提高交通安全性和效率。此外，基础设施建设还包括自动驾驶汽车所需的充电和加油设施，还有实现自主驾驶的路标等。这样可以降低单个车企研发自动驾驶技术的难度和投入，但交通行为的参与方由单车拓展到车、路、云等多方，在法规制定和责任认定等方面会更复杂。

（3）监管和政策法规等问题的制约。

自动驾驶监管的三大核心问题是安全问题、侵权责任认定问题和数据安全问题。

自动驾驶涉及基础设施、汽车制造、交通管控等多个治理领域，关联侵权责任、数据安全、专利保护、行业准入等多个规范领域。进一步具体到车辆的定义与分级、产品基本要求、路测制度、业务资质要求、地理信息测绘、数据安全与个人信息保护、核心算法及配套技术知识产权保护、道路交通安全归责问题与通信标准必要专利许可挑战等方面，都需要我们进一步研究和思考。

3. 限定条件下的自动驾驶

回到最初的问题，自动驾驶离我们还有多远？

主流观点认为，L3将在5年内普及，而L4和L5尚无明确答案。

目前，限定条件下的自动驾驶已经实现。

（1）低速+封闭环境，比如家庭、仓库、码头等场景的自动驾驶技术已经成熟了。

（2）低速+开放环境，比如园区摆渡车、配送车、保洁车等的自动驾驶技术也开始逐渐成熟。因为路线单一、人员少，相对容易普及。

（3）高速+封闭环境，也就是只允许自动驾驶车辆走，不存在人和人驾驶的车辆的场景下，自动驾驶在技术上也已实现。

但高速+开放环境的自动驾驶，短期内尚难以实现。

第7章

君知"云计算"，行筹世无双

7月8日19时　咖啡厅内　温好正在摆弄手机

　　温好对天真说：真哥，上次你推荐的云空间真好用，再也不用担心拍的视频存不下了。如果内存也能和存储空间一样无限升级就好了。

　　天真：未来肯定会实现的，等5G和云计算技术进一步发展并普及后，那时的手机只需要具备显示、触摸和联网功能。

7.1　"组队打怪"在云端

　　云计算，最简单的解释就是云集起来的计算资源。

　　比如处理大数据时，一台计算机应付不了，那就两台，两台还不行就多台，于是分布式计算诞生了，然后衍化出了云计算。

　　毕竟计算机也知道组队打怪比单刷快。

　　当雄心勃勃的计算机们尝到团结协作的甜头后，就组成了团队，力量空前强大，但开销巨大，必须不停接单，以维持团队运营。

　　哪里接单最快？能做到随叫随到？自然是互联网。

　　下面，我们用拆字法解释云计算。

　　先看"云"字，一般指代网络(互联网一般都会被画成一朵云的形状)，取"线上、在线"之意，也包含"云集、聚合"的意思。

比如，现在流行"云走秀""云逛街""云购物""云路演"等，就是用户通过互联网观看在线上聚合在一起的走秀、街景、商品、路演等。从线下到线上并聚合的过程，通常被称为"云化"或"上云"；将走秀、商品等资源聚合在一起的线上平台，往往被称作"云端"或"云平台"。

再解释"计算"。和计算机不是只用来"计算"一样，"计算"的涵盖范围很广，既包括CPU、内存、硬盘等提供计算、存储、网络服务的硬件资源，也包括提供数据或应用服务的软件资源，统称应用、数据和服务。

简单来说，**云计算就是让用户通过互联网使用云端的应用、数据和服务**。

7.2　自来水一样的云计算

再看一个比较流行的定义：**云计算，是一种按使用量付费的模式。这种模式提供可用的、便捷的、按需的网络访问，进入可配置的计算资源共享池(资源包括网络、服务器、存储、应用软件、服务)，这些资源能够被快速提供，只需要投入很少的管理工作，或与服务供应商进行很少的交互**。

举个例子，以前村里喝水，家家户户要打井，投入大量人力、物力。而现在自来水厂铺设管道供水，水龙头一开，水就来了，要多少有多少，按使用量缴费。

水好比计算资源；自来水管是可进行网络访问的互联网；自来水厂就是服务供应商，建有云端的计算资源共享池；家家户户是用户或客户端。

用户只需要选择一家云服务提供商，注册账号，登录到云控制台，根据需要去购买和配置服务(比如云服务器、云存储、CDN等)。平时用一台笔记本或者一个手机，就可以随时随地通过网络服务来控制计算资源，就像云服务商为每个用户都提供了一个数据中心，能够完成包括超级计算这样的任务。

因此，**与其说云计算是一种技术，不如说其更像一种全新的网络应用理念**：以互联网为中心，在网站上提供快速且安全的云计算服务与数据存储，让每一个使用互联网的人都可以使用网络上的庞大计算资源与数据中心。

7.3　云计算的五大优势

云计算有哪些优势呢？

举个例子，某铁是"白富美"，追求者众但恐婚，养了些护院，平时也足够抵挡；但每到春节，追求者暴增百倍，护院就会崩溃。再加些护院，平时闲置，开销太大；不加，春节就崩溃。为此，她十分苦恼。

某云是雇佣兵，一日找到某铁说，老铁啊，你看我，优点多多：

(1) 麾下有几百万个服务器小弟，猛将如云，雇佣我，再来十倍的追求者，咱也不怕。

(2) 不管你身在何方，小弟们召之即来，来之能战，一切听你指挥。不管他们原先是张三还是李四，都能装扮成你的人，你当是谁就是谁。

(3) 平时给你安排100个，春节安排100万个，满足需求不浪费。

(4) 收费公道，100个收100个的费用，100万个收100万个的费用。

(5) 小弟们都接受过长期、专业的军事化训练，能力卓越，远超业余护院。

由此，我们可以总结出云计算的五大优势。

1. 超大规模资源整合

"云"一般具有相当的规模，一些知名的云供应商(如谷歌、亚马逊、IBM、微软、阿里巴巴等)都拥有上百万台服务器。因此，云计算能提供给用户近乎无限量的计算资源。

2. 虚拟化和泛在接入

云计算都会采用虚拟化技术，用户并不需要关注具体的硬件实体，并可以在任意位置使用各种终端(如PC、笔记本电脑、Pad和智能手机等)获取服务。

3. 高可靠性和扩展性

云计算一般都会采用数据多副本容错、计算节点同构可互换等措施来保障服务的高可靠性，比使用本地计算机更可靠。基于云服务的应用可以持续对外提供服务(7×24小时)。另外，"云"的规模可以动态调整，根据用户需求情况动态调整，在业务高峰期，提供更多资源供应；进入低峰期，会及时释放相关资源，实现资源的优化利用，满足用户不同的需要。

4. 按需服务，按量收费

用户可以根据自己的需要来购买服务，按使用量来精确计费。实时计算用户的使用时长、存储空间、CPU数量、网络带宽等，实施细化的计费策略，既能大大节省IT成本，也能提高资源的整体利用率。

5. 专业维护和高安全性

网络安全是所有企业或个人创业者必须面对的问题，企业的IT团队或个人很难应对来自网络的恶意攻击，而使用云服务则可以借助更专业的安全团队来有效降低安全风险。

换你是某铁，会不雇佣吗？专业的事交给专业的人来做，太划算了。

但有一个现实的潜在危险，万一雇佣兵监守自盗怎么办？

同理，云计算中的用户数据，对其他用户是保密的，但对提供云计算的服务商，并非秘密。这也是政府和商业机构在选择云计算服务，特别是国外机构提供的云计算服务时，不得不考虑的重要因素。

7.4　云计算的分类

按部署形式，云计算主要分为三类：私有云、公有云、混合云。

(1) 私有云，顾名思义，就是把虚拟化和云化软件部署在自己的数据中心。即计算资源由一家企业专用并由该企业掌握，这样不会受到网络带宽、安全疑虑、法规限制的影响，更能掌控云基础架构、改善安全与弹性。实力雄厚的大公司倾向于构建自己的私有云。

(2) 公有云，就是虚拟化和云化软件部署在云厂商的数据中心。很多用户共享一个云厂商的计算资源。公有云在国内有阿里云、腾讯云、百度云等。

(3) 混合云，即私有云与公有云的混合。其策略是在私有云部分保持相对隐私的操作，在公有云部分部署相对开放的运算，这样可以兼顾两种云的优点。

继续上个例子，只有护院，没有雇佣兵，属于私有云；只有雇佣兵，没有护院，属于公有云；既有护院，也有雇佣兵，属于混合云。

按服务类型，云计算一般分为三类：基础设施即服务、平台即服务和软件即服务。

(1) 基础设施即服务(infrastructure as a service，IaaS)，通过网络向用户提供计算、存储、网络等基础资源。

(2) 平台即服务(platform as a service，PaaS)，通过平台向用户提供应用软件的开发、测试、快速部署，帮助用户快速实现更多应用功能。主要针对互联网公司等。

(3) 软件即服务(software as a service，SaaS)，通过平台向用户提供方便、可靠、缴费即用、随手可得的服务，比如邮件、视频、直播等。

举个例子，我们来烧烤，租用烧烤园的场地、烧烤架等基础设备，是基础设施即服务；购买烧烤园的牛肉、猪肉、鸡翅等消耗品，就是平台即服务；而请服务员烤，我们只负责决定烤什么，就是软件即服务。

7.5 云计算的功能

云计算早已融入我们的生活。以淘宝购物为例，打开手机淘宝，里面有海量的商品信息，只有云计算平台才能快速存储和处理；下单支付时，支付宝也在云平台；物流处理无数的快递单，也需要用云平台；快递小哥送货到家，使用了百度导航，也是云平台提供的服务。几乎每个环节，都有云计算的参与。还有网易云音乐、云课堂、百度网盘、墨迹天气等App或小程序，它们的服务器只有"跑"在云上，才能提供快捷、方便的服务。

云计算可以帮助个人更方便地获取网络资源，网络服务的使用体验更好，提供的业务服务越来越多，为用户节省大量时间。

对企业来说，云计算最直接、最明显的好处就是节约物理空间、硬件成本、软件成本、IT支持成本，提供更灵活的经营方式等，也非常适合小微型科技企业创新创业。举个例子，曾经每年的"双11"零点左右，各大电商平台都会拥挤到崩溃。现在用了阿里云、腾讯云等，再也没有电商平台出现崩溃的情况。

对政府而言，需要对大量的数据中心和基础设备进行统一化、规范化、标准化管理，云计算则是最佳解决方案之一。

举个例子，贵州公安交警云基于阿里云技术，可对海量交通数据进行全库关联、智能联想、自动研判、深度挖掘，轻松解决车辆精准管理、秒查套牌车、查缉"红眼客车"、减少城市拥堵等。

在芯片领域，我们面对美国只能艰难追赶。在云计算领域，我国仅次于美国。阿里云作为国内云计算厂商中的佼佼者，位居亚洲第一，全球第三，仅次于亚马逊和微软，第四是谷歌。阿里云研发的飞天云计算系统

(Apsara)是我国唯一一个自主研发的计算引擎，作为全球集群规模最大的计算平台，最大可扩展至10万台计算集群，可以将遍布全球的百万级服务器联成一台超级计算机，并在计算界的奥运会Sort Benchmark中多次打破世界纪录。

7.6 雾计算、边缘计算、霾计算

1. 接地气的雾计算

大家可能还听说过雾计算，雾计算是什么，与云计算有什么区别和联系？

先打个简单的比方，如果把云计算比作中央军，中央军没必要亲自去剿灭地方上的小股山贼，于是雾计算站出来，分区包干，相当于各军区，能处理的尽量自己处理，再将处理好的结果或不能处理的部分上交。

在云计算模式下，所有终端要把数据汇聚到同一个数据中心处理，结果再返回终端。而大量数据从数据中心进出，非常复杂，且易因带宽限制等出现拥塞、计算延迟等情况。

于是在终端和数据中心之间再加一层，叫**网络边缘层**。比如加一个有存储运算功能的小服务器或路由器，处理一些并不需要放到"云"的数据，以减少"云"的压力。这样既提高了效率，也提升了传输速率，降低了时延，这个计算模式就是**雾计算**。

处于网络边缘层、具备一定存储运算能力的小服务器或路由器，可称为雾节点。组成雾节点的，往往不是性能强大的服务器，而是一些性能较弱、更为分散、处于大型数据中心以外的庞大外围设备。这些外围设备既有智能终端本身，也有负责连接智能终端和云端的网关或路由设备。这些节点渗入工厂、汽车、电器和人们日常生活中的各类可计算设备中，就像是身边的雾气，无处不在。

云计算和雾计算有哪些异同呢?

相同之处:两者的原理一样,都是把数据上传到远程中心进行分析、存储和处理;都基于虚拟化技术,从共享资源池中为多用户提供资源服务等。

不同之处:**第一,雾计算采用的架构呈现更强的分布式特征**。雾计算会设置众多分散的中心节点,即有很多个雾节点,而不是只有一个云中心。所以,云计算是新一代的集中式计算,而雾计算是新一代的分布式计算,符合"去中心化"特征。

第二,云计算重点在计算的方式,雾计算强调计算的位置。雾计算介于云计算和个人计算之间,相比于云计算的高高在上,雾计算更贴近地面。如果云计算是把所有数据都送往天上的云中,雾计算则是把数据送到身边的雾气里,所以雾计算又被称为**"分散式云计算"**。

总体来说,雾计算作为云计算的补充,是为了弥补云计算本地化计算的不足,所以是本地化的云计算。

2. 更接地气的边缘计算

边缘计算又是什么呢?

边缘计算,是指利用靠近数据源的边缘地带,来完成运算的方式。

与中心化不同,边缘计算的主要计算节点和应用都分散部署在靠近终端的数据中心,这使得响应性和可靠性等都高于中心化的云计算。

边缘计算的运算可在大型运算设备内完成,也可在中、小型运算设备内完成。用于边缘运算的设备,既可以是智能手机等移动设备,也可以是PC、智能家居等家用终端。

因此,**边缘计算可更通俗地称为邻近计算或接近计算(proximity computing)。**

边缘计算有5个主要特点。

(1) 分布式和低延时。边缘计算聚焦实时、短周期数据的分析,能够更好地支撑本地业务的实时智能化处理与执行。

(2) 效率更高。由于边缘计算距离用户更近,在边缘节点处实现了对数据的过滤和分析,因此效率更高。

(3) 更加智能化。AI+边缘计算的组合,让边缘计算不止于计算,更多了智能化。

(4) 更加节能。有数据显示,云计算和边缘计算结合,成本只有单独使用云计算的39%。

(5) 缓解流量压力。进行云端传输时,先在边缘节点进行一部分简单数据处理,能够缩短设备响应时间,减少从设备到云端的数据流量。

边缘计算和云计算的区别如下。

如果说云计算是**集中式大数据处理**,边缘计算则可以理解为**边缘式大数据处理**,数据不用再传到遥远的云端,在边缘侧就能解决,是对云计算的补充和优化。

边缘计算更适合实时的数据分析和智能化处理,相比云计算也更加高效而且安全。

边缘计算和云计算,两者实际上都是**处理大数据计算的一种方式**。

简而言之,云计算把握整体,边缘计算更专注局部。

至于边缘计算和雾计算的区别:两者很相近,有观点认为边缘计算是雾计算的一个子集,也有观点会将边缘计算和雾计算视作等同,都有道理。细究之下,边缘计算和雾计算还是有区别的。

雾计算偏中心化思想,相对于云计算的整体中心化,属于局部中心化,比云计算接地气。而边缘计算则是局部的局部,更接地气,具体表现在以下三方面。

(1) 边缘计算,处理能力更靠近数据源,由网络内的各设备实施处理;而雾计算由附近的小型中央服务器整理后实施处理。

(2) 雾计算具有层次性的架构,各层次会形成网络,而边缘计算依赖不构成网络的单独节点。

(3) 雾计算在节点之间具有广泛的对等互联能力,边缘计算在孤岛中运行其节点,需要通过云实现对等流量传输。

3. 有点另类的霾计算

至于霾计算，就多少有些另类了。

霾计算，通常用来表示比较差的云计算或者雾计算，也可简单理解为垃圾云或雾计算。 如果"云"或"雾"提供的服务，存在安全问题、隐私数据被丢失泄露、数据传输不稳定、网络频繁出现中断问题等，其带来的好处则可能远不如对用户的伤害，恰如"霾"对人体健康的危害。

当然也有人将霾计算当作中性词。中国工程院院士邬贺铨在2017年全球未来网络发展峰会上，首次正式提出霾计算，将其作为一种新的计算方式定义，着重强调霾计算更接地气的一面，赋予了霾计算更多积极的含义。

7.7　海计算、湖计算和海云计算

海计算，主要出现在物联网领域，可看作一种新型物联网计算模式。与云计算的后端处理相比，**海计算指的是智能设备的前端处理。**

云计算是在一堆同构的服务器上计算，结果反馈回终端。

海计算是在分散、异构的终端设备上计算，结果互相传。

物联网具有显著的异构性、混杂性和超大规模等特点。其中摄像头、路由器等智能终端就像一个个"水滴"，具有存储、计算和通信能力，能在局部场景、空间内协同感知、判断和决策，对事件及时做出响应，具有高度的动态自治性。而无数个这样的智能终端，组成了智能化的物联网系统，也如同水滴组成大海，故称之为"海计算"。若水滴少一点，就是"湖计算"。

云计算是服务器端的计算模式，而海计算代表终端的大千世界，海计算是未来物理世界各物体之间的计算模式。

海云计算，即海计算在终端做信息过滤和初步处理，再传输到云端做进一步汇总处理，如同海水蒸发到天上变成云，形成"端-云"结合。

海计算与网格计算大有渊源。

网格计算，即利用互联网，把分散在不同地理位置的计算机组织成一个"虚拟的超级计算机"。其中每一台计算机就是一个节点，而整个计算是由成千上万个节点组成的一张"网格"，故有此称。

这样的计算方式有两个优势，一是数据处理能力超强，二是能充分利用网上的闲置处理能力。

海计算也可看作网格计算的变种。 两者原理一样，区别在于后者的各节点是计算机，而前者的各节点是各式各样的智能终端，也许是路由器，也许是摄像头，都具有一定的计算、存储能力。

如果看到河计算、潭计算、溪计算等概念，则炒作的意义大于实际意义，大多情况下可认为比海计算、湖计算的"水滴"再少一些。

7.8　云计算的家族关系

雾计算、边缘计算及霾计算，甚至海计算、湖计算等，都不是用来代替云计算的，都是对大数据的计算处理方式，是云计算的有益补充。

云计算更像一个管理统筹者，负责长周期数据的大数据分析，能够在周期性维护、业务决策等领域运行，下发业务规则到边缘处。而其他计算像执行者，着眼于实时、短周期数据的分析，更好地支撑本地业务的及时处理与执行；同时更靠近设备端，为云端的数据采集做出贡献，支撑云端应用的大数据分析。

这样相互配合处理大数据，使得所有数据不用再传到遥远的云端，在边缘侧就能解决大部分问题，实现了"应用在边缘，管理在云端"，更适合实时的数据分析和智能化处理，也更加高效而且安全。

如果把云计算比作中央军，雾计算就是有下属分军区的军区，边缘计算是最低一级的基层军区，霾计算则是战力忽高忽低的民团，而海计算就是主要由基层军区、民团组建的跨军区组织。

7.9 数字经济时代的"南水北调"：东数西算

东数西算，即东数西算工程，指通过构建数据中心、云计算、大数据一体化的新型算力网络体系，将东部算力需求有序引导到西部，优化数据中心建设布局，促进东西部协同联动。

"数"指的是数据，"算"指的是算力，即对数据的处理能力。东数西算，简而言之，就是将东部的数据送到西部去运算处理。

2022年2月，"东数西算"工程正式全面启动，作为新基建的重要组成部分，可看作数字经济时代的"南水北调"。

(1) 解决东部地区能源供给短缺问题，助力实现碳达峰、碳中和目标。

东部地区经济发达，尤其数字经济发展迅猛，时刻产生更丰富多维的大数据，对算力的需求量非常大，预计每年仍将以20%以上的速度快速增长。

算力需要CPU、GPU等芯片高效运转，因此大数据中心等都是"能耗大户"，给东部的供电、能耗指标带来巨大压力。再叠加气候、资源、环境等方面的原因，东部地区不适合建设低碳、绿色数据中心。

据统计，2020年全国数据中心共耗电2 045亿千瓦时，占全社会用电量的2.7%。同年，世界装机规模最大的水电站——三峡水电站全年发电量约1 118亿千瓦时。预计到2025年，该值将达到3 952亿千瓦时，占比将提升至4.05%。数据中心的电力成本，占其运营成本的56.7%。如果不能控制电费，其经济效益将大为降低。

反观西部地区，具有土地、气候、环境和清洁能源优势，尤其以风能、水能为代表的可再生能源十分丰富。

比如，贵州土地便宜，电力资源丰富且价格低，冬无严寒、夏无酷暑，年均气温23℃。在贵州建数据中心，甚至不需要空调降温，溶洞中的自然风就可以满足降温需求。

举个例子，华为云在年均气温只有4.3℃的"草原云谷"乌兰察布建有数据中心，大量采用风电和光伏等清洁能源，一年有10个月可以实现自然冷却，节省了大量能源。

(2) 促进西部地区数字经济发展，缓解地区经济发展不均衡。

东部地区以前的数据中心建设相对密集，吸引了大量资金、人才和技术不断聚集。西部地区数字产业欠发达，人才、资金投入短缺。

"东数西算"可以促进西部地区的基建更新、ICT产业链发展、人才回流，带动物资流、资金流、人才流、技术流等从东向西流动，也能促进东部的互联网、大数据、人工智能等企业产业链向西部地区延伸，从而激发西部地区数字经济活力，促进西部地区经济快速发展，实现东西部地区均衡发展。

以贵州为例，贵州正加快建设首个国家级大数据综合试验区和数字经济发展创新区，2023年全投运及在建重点数据中心达到37个，是全球集聚大型和超大型数据中心最多的地区之一。苹果、华为、腾讯、阿里、高通等知名企业纷纷把数据业务放在贵州。2011—2021年的十年间，贵州平均经济增速全国第一，增长高达248.8%，数字经济增速连续7年全国第一。贵州的名片也由茅台和老干妈，变成了大数据。

(3) 推动中国算力网络建设朝绿色高效、规模化和集约化的方向发展。

根据国家发展和改革委员会等部门印发的文件，国家将启动建设**八大算力枢纽节点**和**十大国家数据中心集群**。

八大算力枢纽节点：京津冀、长三角、粤港澳大湾区、成渝、内蒙古、贵州、甘肃、宁夏。

十大国家数据中心集群：张家口集群、长三角生态绿色一体化发展示范区集群、芜湖集群、韶关集群、天府集群、重庆集群、贵安集群、和林格尔集群、庆阳集群、中卫集群。

"东数西算"并不仅仅是算力领域的事，和通信领域也有密切关系。

算力的顺畅流动，离不开通信网络的支持。

换句话说，没有发达的"运力"，即便西部地区的算力再强、再廉价，也没有办法送到东部地区。

因此，国家将会大力投资建设数据中心之间的骨干网络，尤其是西部地区的通信基础设施将迎来全面升级。东西部地区之间将打造一批"东数西算"示范线路。"东数西算"，肯定会采用全光网络。OTN、ROADM/OXC、SDON、FlexO、光网自动化管控等技术，会发挥巨大的作用。

大数据中心涉及的产业链比较长，覆盖门类广，因此还能强力拉动IT设备制造、信息通信、基础软件、信息安全、数据安全、基建工程等产业。

"东数西算"还衍生出了"东数西存""东数西渲""东数西训""东数西备"等概念，分别对应数据的存储、建模渲染、对人工智能的训练、备份等应用，这些都属于"东数西算"的范畴。

总之，"东数西算"是打通数字基础设施大动脉，畅通数据资源大循环，进而夯实数字中国建设基础的重要战略举措。

第8章

时人不识"大数据",
直待凌云始道高

9月29日19时　　天真家里　4个伙伴在看杭州亚运会

大彭：真哥，现在网上很多人用大数据预测比赛结果，有些很准哦。

天真：你想知道大数据为什么这么准吗？

8.1　何谓大数据

大数据，可不仅仅是大量数据的意思。

美国麦肯锡全球研究所给出的定义：**大数据(big data)，是一种规模大到在获取、存储、管理、分析方面大大超出了传统数据库软件工具能力范围的数据集合，具有4V特征，即体量巨大(volume)、类别繁多(variety)、价值密度低(value)和处理速度快(velocity)。**

重点，首先看"大"。"大"不是量词，是一个相对的概念，作为形容词，表示数据"大"到超出了传统数据库软件工具能力范围的程度。

1. 体量巨大

目前，常见的手机存储容量为128GB，计算机硬盘存储容量为4TB，而大数据的起始计量单位至少是PB(1 000TB)、EB(100万TB)或ZB(10亿TB)。

举个例子，人类文明伊始发展至今，整个文明史全部的藏书数据量加在一起是1TB左右。而大型强子对撞机的运行实验，每秒就能产生40TB的数据。很多年前，百度首页导航每天需要提供的数据就已超过1.5PB。互联网上的数据每年增长约50%，每两年翻一番。目前，世界上90%以上的数据是最近几年产生的。

2. 类别繁多

数据来源不仅限于传统的结构化数据，其中的非结构化数据日益增多，占比已经超过80%。

结构化数据，是指可以用预先定义的数据模型表述的数据，比如人的年龄、身高、体重、民族、学历等。非结构化数据，是指数据结构不规则或不完整、没有预定义的数据模型、不方便用数据库二维逻辑来表现的数据，如网页文章、图片、音频、视频、地理位置信息等。用手机拍照、录视频，从而生成的图片和视频就是非结构化数据。

3. 价值密度低

拿视频来说，也许10天不间断监控的视频文件，有价值的仅仅一两秒。举个例子，在2014年美国波士顿爆炸案中，人们现场调取了10TB的监控数据，包括移动基站的通信记录，附近商店、加油站、报摊的监控录像，以及志愿者提供的影像资料，最终找到了一张嫌疑犯的照片。

4. 处理速度快

能够随时被调用和计算是大数据的本质特征之一，因此数据处理遵循"1秒定律"。比如自动导航、实时监控等，如果不能实时响应，反馈秒级数据，就会失去其价值。

另外，数据一定要在线，即广义互联网(包括传统互联网、移动互联网和物联网等)上的数据。因此，大数据不仅是大量的数据，而且类别繁多、要求快速处理，以至于传统的数据技术和工具无能为力，并由此催生了很多新的大数据技术。狭义的大数据技术，主要指的是基于MPP架构(海量并行处理架构)的新型数据库集群、专为大数据批量处理而生的Hive、适合实时交互式SQL查询的Impala等；而广义的大数据技术，则包含相当一部分的云计算技术、人工智能技术、物联网技术、区块链技术等。我们以树木与森林为例。如果把互联网上的数据比作树，早期的数据只是一棵小树苗，而大数据不是一片小树林，也不是一棵参天大树，而是整个亚马孙热带雨林。与一棵小树苗相比，亚马孙热带雨林具有如下特点。

(1) 体量巨大。一棵树，一览无余；而亚马孙热带雨林，无法穷尽。

(2) 类别繁多。热带雨林既有低矮的美人蕉，也有80米高的望天树，大约每平方千米内有包括棕榈树、金合欢树和橡胶树在内的75 000多种树木。

(3) 价值密度低。亚马孙热带雨林中有被誉为"木中钻石"的蛇纹木，但很稀少，更多的还是价值很低的各类灌木。

(4) 量变引起质变。一棵树勉强能够遮雨，一片树林可以阻挡风沙，而亚马孙热带雨林被誉为"地球之肺"，可以调节全球气候，是一个庞大的生态系统和生物资源宝库,对人类影响巨大。

在实际应用中,术语"大数据"的内涵已超出定义本身,人们通常所说的大数据多指的是"大数据(现象)"。例如,在统计学中,当能够收集足够的个体数据,并能够不用抽样,直接对所有数据进行统计分析时,也称为"大数据(现象)"。

总之,"大数据"这个词,热度高,混用率也高。在一些书籍、宣传材料和网络文章中,"大数据"除了指大数据(现象),还常指海量数据和大数据技术的结合,有时指海量数据本身,有时也指大数据技术,有时还指大数据应用平台、大数据专业或领域,需要结合上下文来理解。

8.2 大数据的成长之路

大数据的发展与互联网的发展密切相关。从数据增长角度看,互联网经历了三个发展阶段。

Web1.0阶段,PC(个人计算机)互联,主要是计算机和计算机连接。该阶段处于门户网站时期,互联网上的数据是网易、新浪、搜狐这样的门户网站发布的,主要供网民浏览。数据生产者主要是网站编辑,网民只能被动接受数据。

Web2.0阶段,移动互联,实现了人与人的充分连接。此时已进入自媒体时代,随着手机、Pad等终端设备的深入普及和移动互联网技术的发展,网站与网民、网民与网民之间可以通过论坛、微博、抖音、自媒体等非常便捷地交流、互动。所有网民成为数据的主要生产者,主动生产数据。

Web3.0阶段,万物互联,开始实现物与物的连接。此时将发展到物联网阶段,传感器、摄像头之类的电子设备能够24小时不间断地自动产生数据,是互联网数据的主要来源,而且随着工业互联网、数字家庭和智慧城市的进一步发展,这部分的比重将越来越大。

经过了**"PC互联—移动互联—万物互联"**和**"被动—主动—自动"**的

发展，互联网上的数据呈指数级增长，数据量极速"大"了起来，就成了大数据。

8.3　大数据预测与高考押题

《三国演义》中有"卧龙凤雏，得一可安天下"的说法，现在流行的说法是"得数据者，得天下"，两者有什么相同之处呢？前者推演预测、出谋划策，后者一样可以**预测趋势，辅助决策，这是大数据的核心价值**。

首先，数据是一切决策的基础。在这个需要利用数据做出决定的世界里，我们掌握的数据越多，做出正确决定的概率就越大。之前，我们主要依赖比例不到20%的结构化数据进行决策，现在大数据技术可以帮助我们利用另外80%多的非结构化数据进行决策，并且以前认为不可采集、存储、分析的很多事物现在都被数据化了。大数据具有更多的数据维度、更快的数据频度和更广的数据宽度，使人们的视野和思路也比以前更广阔、更深入、更及时和更多角度。

其次，大数据结合数学算法，通过对海量数据进行分析，能挖掘出巨大的价值，对未来也有很好的预测价值。

小数据时代的数据量有限，专家基于学识、经验，根据少量数据做出判断，准确率比较依赖专家的专业能力。现在，数据量极为庞大，对数据处理的要求非常高，只有大数据技术才能很好地处理，并能更好地完成专家的工作。

举个例子，百度预测通过对过去八年高考作文题及作文范文、海量年度搜索热词、历年新闻热点等原始数据与实时更新的"活数据"进行深度挖掘和分析，为考生预测高考作文命题。2018年，百度宣称成功押中全国18道高考作文题中的12道，包括上海卷的"自由"主题。

可以说，大数据帮助人们进行判断和预测的时代已然来临，专业性已相对没那么重要。

8.4　得大数据者，得天下

大数据，是世界数字化的产物。数字化的本质是大规模的在线数据处理。工业数字化产生了工业大数据，农业数字化产生了农业大数据，金融业数字化产生了金融大数据。

大数据，意味着能以数字信息形态更好地理解、管控、预测和改造世界。**数据已经成为继土地、劳动、资本后的第四大生产要素**。一方面，对大数据的掌握程度可以转化为经济价值的来源；另一方面，大数据撼动了世界的方方面面，从商业科技到医疗、政府、教育、经济、人文以及社会的其他各个领域。

大数据可以结合物联网进行有效的农业环境监测，以数据驱动农业精准化操作，极大地提高生产效率，并让农产品从田间到餐桌全程可追溯，**推动粗放式的传统农业向集约化、精准化、智能化、数据化的现代农业转变**。

大数据可以帮助工业、制造业加速产品创新，优化生产流程，为能效管理、设备整体效率提升、生产计划安排等提供实时在线分析和决策支持，提升仓储、配送、销售等完整产品供应链的效率，降低运营成本，指导管理者了解企业的发展态势及经济运行状况，**实现工业制造的数字化、网络化、智能化**。

大数据可以**帮助政府实现市场经济调控、公共卫生安全防范、灾难预警、社会舆论监督等**。政府部门握有构成社会基础的原始数据，比如气象数据、金融数据、信用数据、电力数据、煤气数据、自来水数据、道路交通数据、客运数据、安全刑事案件数据、住房数据、海关数据、出入境数据、旅游数据、医疗数据、教育数据、环保数据等。如果政府能将这些单一、静态的数据进行有效的关联分析和统一管理，其价值是无法估量的。

大数据可以**帮助城市预防犯罪，实现智慧交通，提升应急能力**。智慧城市的打造过程中，智能电网、智能交通、智能医疗、智能环保等，这些都依托于大数据。

大数据可以**实现智慧教育**。大数据会记录每个学生个体的微观表现。比如，他在什么时候翻开书，听到什么内容时认真点头，开小差多长时间，在一道题上停留了多久，主动问老师多少次，被提问多少次，会与哪些同学主动交流等。通过大数据分析，可以让学生及时发现自己的缺点，也可以帮助教师更好地因材施教。

大数据可以**帮助企业提升营销的针对性，降低物流和库存的成本，减少投资的风险，以及帮助企业提升广告投放精准度**。举个例子，每天都有海量的交易数据在阿里巴巴的平台上产生。阿里巴巴通过对商户最近100天的数据分析，能了解哪些商户可能存在资金问题。贷款部门可凭平台分析报告与潜在的贷款对象沟通，准确度相当高。数据往往比文字更真实，更能反映一个公司的正常运营情况。

大数据还可以帮助纪检监察部门追踪某些官员及其家属在国外的行踪和资产等信息来反腐倡廉；可以帮助医生和科学家预测病人对某些疾病的易感染性，减少治疗的时间和花费，并实施更精准的治疗方案；可以帮助娱乐行业预测歌手、歌曲、电影、电视剧的受欢迎程度。

总之，**大数据被认为是"未来的新石油"**，在社会生产、流通、分配、消费活动，以及经济运行机制等方面发挥着极其重要的作用。

8.5　大数据之下的我们

大数据如今最主要的用途还是在商业领域。但对我们个人而言，大数据的意义和影响同样重大。

首先，大数据为我们提供了一个前所未有的审视现实的视角，在逐渐改变我们与世界交流的方式，重塑我们的生活方式，包括做决定和理解现实的基本方式。

大数据正改变着我们探索和认知世界的方法。在小数据时代，我们对很多事物的量化能力有限，需要先从能采集到的有限数据里推导出一个假想，再收集更多的数据，以不断证明或推翻这个假想，进而理解事物的运行规律。在大数据时代，我们可以获得与事物相关的所有数据。数据会直接告诉我们，事物是具体如何运行的。

举个例子，以前看病，只能根据有限的望闻问切手段，结合医书上的知识和经验，逐步推断病情变化，有时可能判断失误；现在的医疗仪器可对人体的血压、体温、脉搏、出汗指数、脑电波频率等进行24小时不间断的监测、记录，病情变化全部数字化呈现，不需要更多地依靠医生的经验诊断。

大数据既能让我们了解"已经发生的过去"，更能预测"即将发生的未来"。我们可以基于大数据及其预测模型来预测未来某件事情的概率，从而做出最优选择和部署复杂情况的应对方案。拥有数据意味着掌握过去，现在则更意味着能够预测未来。

其次，大数据在实用层面帮助我们解决了大量的日常问题，使生活、学习和工作更加数字化、智能化，让我们表现更佳、更富效率、能力更强。

大数据帮助我们节省时间，提高效率，让生活更便捷、舒心。以衣食住行为例。我们在网上买衣服，比价网站可以通过海量的产品信息，比如抓取天猫、京东的数据，将价格由低到高排列，提供尽可能多的优惠信息；我们搜索衣服的浏览数据等也会被记录，随后电商平台会根据衣服风格、款式、颜色搭配及价位等数据，推送满足我们需求的衣服；外卖平台收集我们的点餐数据，了解订单时间、个人口味以及是哪家店的"粉丝"，并植入推荐系统，让订餐更精准、有效、快速；买房子或租房子时，大数据会根据我们的喜好做相应的推荐；开车时使用导航，可了解预计时间、具体路线、道路拥堵情况和停车场位置等。

除了息息相关的生活缴费、网上办事、出行购物等，休闲娱乐同样离不开大数据。微博、抖音、头条等，让人刷到停不下来，就是因为其根据用户之前的搜索记录、喜好、收藏和点赞类型、停留时间、浏览深度等，并且结合一定的统计筛选算法，做出相关的推送。

大数据不仅提供知识，还能对知识进行整理、分析，让学习和工作得心应手。借助大数据技术，工作中的数据收集、整理和分析等会更加省时、省力。

大数据时代，也是信息+知识时代，迫使我们必须高效、精准地获取知识，跟上时代的节奏。各种知识类网站及App飞速发展，如得到、喜马拉雅、蜻蜓FM、豆瓣FM、知乎Live等。无论想学什么，从文字、图片到视频，各类教学资源应有尽有，可随时随地提供。

结合了大数据技术的搜索引擎更加智能化，比如百度的Magi、阿里巴巴的Quark等，将互联网上的海量信息构建成可解析、可检索、可溯源的结构化知识体系，提供更加丰富、生动的知识检索，重新定义知识学习。

我们将越来越离不开大数据。人是大数据的提供者，也是大数据应用的终端用户，手机上所有的App，都与大数据有关。一早醒来，钉钉提示你考勤打卡还剩45分钟；百度导航告诉你根据道路拥堵情况预计开车到单位需要31分钟，或者告诉你公交车12分钟后到站，步行到站台需要7分钟；工作中的各类报表更是以数字化形式呈现；下班后，用支付宝付款买菜，App显示付款金额为18.8元；回家后，微信步数显示8 936步；睡前聊微信、刷抖音，会产生大量浏览数据；睡梦里，可穿戴设备会默默记录你的睡眠情况。大数据作为从现实世界到数字世界的映射和提炼，使得我们沉浸在数字世界的时间已超过关注现实世界的时间，且在日益增多。

8.6 大数据思维和寻宝游戏

大数据时代，开启了一场轰轰烈烈的寻宝游戏。小数据时代无法获得的数据，现在都可以获得；小数据时代无法实现的计算(如数据的实时分析)，现在都可以实现。而这些数据集合里，隐藏着无数宝贝。

举个例子，手机定位，以前做不到，但是现在可以。这些位置数据有什么用呢？从每天准时往返两个地点，可以看出你是上班族，起点是家庭住址，另一处是单位地址；从时间和路线上，可以看出你有没有开车，有车可以向你推销车险，没车就向你推销新车，这还只是简单的人工分析。再进一步，有人研发出防走失的儿童手表，有人发明了记录运动数据的健康手环，都获得了丰厚回报。

因此，我们对数据持有的看法，直接影响获得的价值，而这是大数据时代"寻宝"的关键。在小数据时代，我们一直认为"正确"的或"最佳"的理念、理论、方法、技术和工具越来越凸显其"局限性"；在大数据时代，我们需要改变思维方式，具备大数据思维。

1. 全量思维

全量思维，分析所有的数据样本，而不依靠抽样分析。看问题的角度从局部扩展到整体，数据量越大，真实性也就越高。正如统计学学者所言，只有拥有全部样本，才能找出规律。抽样分析是以点带面、以偏概全的思维，而全量分析能反映全部数据的客观事实。大数据能让我们清楚地了解抽样样本无法揭示的细节。

2. 模糊思维

模糊思维，接受数据本身的纷繁复杂，不再追求准确性。现实中的数据本身可能存在异常、纰漏、疏忽，甚至是错误的。我们用全量数据进行分析，虽然在不精准的实际数据上得出的结论不会非常精准，但更接近客观事实。

大数据纷繁多样，优劣掺杂，实时变化，分布在全球很多服务器上。在海量的实时数据面前，追求绝对精准是没有必要的。大数据让我们适当忽略在微观层面对精确度的追求，更多关注宏观层面，以拥有更好的洞察力。比如，买一条鲤鱼，称重时会精确到"两"的单位，但如果买的是一头鲸，称重时就不会再精确到"两"了。

3. 相关思维

相关思维，不再探求因果关系，转而关注事物的相关性。通过数据挖掘，我们能够了解数据的关联现象和事物的相关性，但不一定知道其因果关系。

大数据可以告诉我们"是什么"，而不能告诉我们"为什么"。基于海量数据的分析得到的结果，有时很难厘清其中的逻辑，有些内在关系的本质我们至今仍未掌握，但是大数据让我们看到了很多以前不曾注意到的联系，掌握了以前无法理解的社会动态。

比如，燕子低飞要下雨，是古人通过长期观察得出的结论。古人知道下雨的原因肯定不是燕子低飞，虽然不明其理，但是不妨碍未雨绸缪。

总之，掌握大数据思维并不是抛弃抽样思维、精准思维和相关思维，而是要突破思维局限，认真审视大数据时代的一切事物，从中发现宝藏。

8.7 大数据在数字技术中的基础和核心地位

数字技术作为数字经济的基础，应用最广泛的是"大、云、智、物、移"，分别指大数据、云计算、人工智能、物联网、移动互联网。

大数据在数字技术中处于基础和核心地位。数据的生命周期一般分为采集、存储、传输、处理和应用五个阶段。结合生命周期来看：

(1) 大数据的采集主要来自物联网，大数据技术也能让物联网充分发挥价值；

(2) 大数据的存储管理需要云计算平台，即云存储；

(3) 大数据在广义互联网上传输；

(4) 大数据的分析处理和实时响应需要人工智能，人工智能当前的主要实现途径是深度学习，深度学习需要大数据提供足够的数据训练来发展智能；

(5) 对于大数据的应用落地，移动互联网起到了重要的推动作用。

同时，云计算还为人工智能提供充沛算力，物联网与人工智能会进一步结合成为智联网。

因此，"大、云、智、物、移"与区块链、VR/AR等数字技术相互依存，密不可分。其中，大数据是基础和核心。

如果将大数据比作巨大的煤矿，那么云计算就是挖掘机，我们培养一只叫作"人工智能"的宠物来帮忙，喂养它需要大量煤矿石(即数据)。煤矿石主要由大量叫作传感器、摄像头等的树木转化而来，它们组成的森林就是物联网。煤矿石在叫作移动互联网的炉子里燃烧，给携带手机的我们带来了光和热。

8.8　未来已来

大数据的出现具有划时代的意义，代表了我们人类测量、记录、分析和研究世界的渴望与进展，也标志着我们在对世界的量化和理解的道路上前进了一大步。具体表现为互联网的发展开始进入万物互联的物联网阶段，现实世界进一步数据化，数据世界与人们生产和生活的方方面面全面融合。

大数据业已成为理解和解决当今许多紧迫的全球问题所不可或缺的重要工具，如抑制全球变暖、消除疾病、提高执政能力和发展经济等。在应对海洋污染问题时，就需要对各类污染的相关数据进行收集与分析，指导研究方向，找出解决问题的方法。然而，这些也不过是大数据真实价值的冰山一角。

对我们个人而言，大数据同样意义重大。**大数据为我们提供了一个前所未有的审视现实的视角，在实用层面帮助我们解决了大量的日常问题。**我们正日益沉浸在数字世界里，离开数字技术，将越发寸步难行；反之，利用好数字技术，将会如虎添翼。因此，能够灵活运用大数据技术，并具备一定的数字素养，掌握一定的数字技术，熟悉数据安全、个人信息安全方面的法律法规，将变得尤为重要。

在数字经济时代，数据既是财富，又是生产要素。大数据必然处于基础和核心地位，现在绝大多数的数字技术和经济现象都与它有着千丝万缕的联系。欲读懂其他数字技术，必先懂大数据。

未来30年是人类社会最精彩的30年，是令人期待的30年，也是令人恐惧的30年。无论你想，或是不想，大数据就在那里。新时代的浪潮已经奔涌而来，里面有数不清的机遇，抓住任意一个风口，就能让你和独角兽企业的创业者一样迅速积累财富，声名鹊起，但风口中也有数不清的陷阱和漩涡，会让人迷失、溺亡。而我们，即使做不了浪潮之巅的弄潮儿，也要努力成为乘风破浪的健泳者，尽情拥抱这个新时代。

第9章

洗尽铅华“元宇宙”，
浮华褪尽皆数字

9月8日9时　影院候影厅内　天真、温好、胖子、大彭闲聊

早晨，美梦被扰的大彭犹自愤愤：昨晚梦到跟大明星一起在元宇宙倒腾狗，成了超级富豪，走到哪里都是前呼后拥，彩旗招展，人山人海。无数"粉丝"追着要加微信，有一位长得很像村花小芳。

我举着手机，正让她扫码呢，手机一把被身边的保镖夺走了。把我气的，这保镖真"彪"啊！仔细一看，这保镖不正是我表哥嘛！

胖子唏道：我说你怎么举个抱枕晃来晃去傻笑呢！

大彭没搭理他，径直问天真：真哥，元宇宙是咋回事，能挣大钱吗？

天真笑着回答：元宇宙啊，有人说是虚拟世界，有人说是全真互联网，都有道理，但都不够具体。

9.1 返璞归真的元宇宙

元宇宙是什么？很多人都想知道一个明确的答案。

然而，"元宇宙"作为一个被资本精心修饰过的热词，有人觉得是骗局，有人认为是机遇，一千个人给出了一千个解释，各有道理，也都有些片面。

针对上述乱象，国家队出手，给出了元宇宙的真实面貌。

元宇宙，是人类运用数字技术构建的，由现实世界映射或超越现实世界，可与现实世界交互的虚拟世界。

这是2022年9月，由全国科学技术名词审定委员会给出的迄今为止最为权威的定义。

具体怎么理解呢？

(1) 元宇宙就是数字世界(数字化的虚拟世界)，这是元宇宙的本质。

打个比方，孙悟空有七十二变，或正或邪，让世人惊诧莫辨，正如人们从不同角度，基于不同目的描绘出的五花八门的元宇宙概念，而孙悟空的真身正是万变不离其宗的数字世界。

(2) 元宇宙的基础和关键是数字技术，或者说元宇宙是所有数字技术不断升级，相互交叉、聚合，量变引起质变的结晶。

举个例子，氢、氧元素很普通，但结合在一起能成为水——生命之源；再加入碳元素，就能组成蛋白质——生命起源。

同样，单是VR没啥，但和游戏结合，就成了刺激的VR游戏；再加互联网，就有了社交；引入区块链，实现数字资产确权，也就有了经济功能；人工智能再参与，数字世界的内容就会极大丰富，并善解人意到让你欲罢不能；物联网也进来，家里的猫猫狗狗、桌椅板凳也能在里面和你互动……

现在的数字技术，如人工智能、区块链、XR、游戏引擎、5G/6G、物联网、云计算和大数据等，经过升级迭代、组合创新、扩展应用，就能逐步搭建起可以媲美现实世界的数字世界，也就是元宇宙。

(3) 元宇宙基于现实世界，又有所超越，与现实世界密切融合、相互作用。

元宇宙是对现实世界的虚拟化、数字化，让人们的数字行为与社会生活紧密融合，工作和生活等向数字世界迁移，人类精神空间与社会空间深度重组，构建出新型社会体系，甚或形成数字文明。

举个例子，你想吃辣条了，在元宇宙里购买，就会获得一份辣条的数字密钥，配方及口味全世界独一无二，然后利用家里的3D打印机读取信息并打印出来吃掉。甚至通过脑机接口获取相关信息，转化成神经信号，通过神经网络直接给予你吃辣条的感觉体验。实际没吃，但大脑觉得你吃了，而且比现实中吃辣条更带劲。

9.2　元宇宙的由来

元宇宙，来自人们对真实体验感的追求。

以互联网的发展为例，从Web1.0到Web2.0，再到移动互联网。最早只有文字，文字不够直观，想象太累，那就上图片；图片不够生动，刺激不够，然后换成了视频；视频由你自己录，自己上传，大家给你点赞；坐在PC前玩累了，可以拿着手机躺着玩，走着玩，随时随地玩……

接下来，看二维平面的屏幕乏了，就让你带上VR头显，看三维立体的数字仿真；以后不但能看、能听，还能触摸嗅舔，赋予你现实里得不到或比现实体验强烈得多的感官刺激；人工智能更是善解人意到超乎想象，编织出一个又一个美梦，让你欲罢不能。

当你终于摘下头显，因虚度光阴而懊悔时，区块链登场，为你实现数字资产确权，打通和现实世界的经济联系，让你在数字世界里一样能打工赚钱，养家糊口。于是，你又戴上了头显……

元宇宙，也是互联网发展的需要。

当然，有的人并不追求很强烈的真实体验，但互联网巨头们会主动创造这种需求，出于击败竞争对手的考虑，不断升级用户体验以吸引用户，扩大用户规模和提高人均时长。

当前，互联网红利趋于消失，各大互联网科技公司开始对"元宇宙"投以重望。所以，马化腾称元宇宙为"全真互联网"，扎克伯格称元宇宙为"具身互联网"，并认为元宇宙是互联网的"终极形态"。

举个例子，你想学做糖醋鱼，学习了枯燥的文字教程、直观的图片教程，以及可观摩的视频教程，作为新手，仍很忐忑。而在元宇宙里，你身处虚拟厨房，数字孪生的锅灶、鲤鱼、油盐酱醋等一应俱全。世界级烹饪大师——AI大厨站在面前示范讲解，也可手把手地控制你的手切沫、爆香、慢煎、颠勺……让你体验力度、手法。闻到的香味、尝的咸淡、颠勺手感，和现实一般无二。哪种方法学得最快、最好呢？

除了厨艺，像五禽戏、太极拳、穴位按摩等，也能身临其境，大师手把手教学，你会不喜欢元宇宙吗？

9.3　元宇宙只是一个代名词

元宇宙更来自现实世界的数字化。现实世界的数字化是大势所趋。社会的各个领域都在向数字化转型，人们的日常生活也在逐步数字化，在网上社交、办公、学习、购物……

有人做过统计，电视出现以前，我们99%的注意力都集中在现实世界；电视出现后，我们对现实世界的注意力下降到85%；计算机出现后，注意力下降到70%；手机出现后，注意力更是下降到50%，人们更多的注意力已经转移到数字世界。

照此趋势，总有一天，人们对数字世界的注意力会达到90%这个奇点。到那时，人们会认为，在数字世界里生活比在现实世界里生活更有价值。而这个处于用户使用时长角度的奇点，也可以被当作元宇宙的标准之一。

而发展到这种程度的数字世界，就可以称为元宇宙。

换句话说，元宇宙**体现了现实世界的数字化程度，代表了发展到一定阶段的数字世界**。

与其说元宇宙必然到来，不如说现实世界的高度数字化必然到来。 在那时，各类数字技术非常成熟，具体应用无限扩展和深入，基本涵盖现实世界的一切。

而这样一个比现实世界更丰富多彩，让人虚实难分，能充分发挥人的想象力和创造力，又与现实世界密切融合的数字世界，可以称为元宇宙，也可以称为方宇宙、超宇宙或四次元宇宙、五次元宇宙……

对于元宇宙，资本看中的是酷炫概念，是投机；政府看中的是数字赋能，是数字世界实实在在的价值；**我们普通人应该看到的是数字技术，是数字技术的各项应用给我们的工作和生活带来的切实影响。**

9.4　元宇宙的八大数字技术

现在的元宇宙发展到哪个阶段了呢？答案是尚处于萌芽阶段。

支撑元宇宙的数字技术并非新技术，主要是人工智能、区块链、以XR为代表的交互技术、游戏引擎、5G/6G、物联网、云计算和大数据这八大数字技术。

现在这八大数字技术的发展程度还不足以实现元宇宙，有待进一步升级。一方面，技术自身需要发展并不断突破；另一方面，各技术之间的组合方式需要探索，拓展更多应用场景。

打个比方，互联网现在的情形好似隋末乱世，人工智能、区块链、交互技术、游戏引擎、5G/6G、物联网、云计算、大数据八大数字技术就是最有资格终结乱世的"关陇八大家"，即陇西李氏、弘农杨氏、陈郡谢氏、琅琊王氏、兰陵萧氏、太原王氏、赵郡李氏和清河崔氏，元宇宙就是未来的统一王朝。

统一是大势所趋，正如元宇宙必然会实现。

世家共治天下，正如元宇宙是这些数字技术聚合的结晶。

哪一家登临皇位，成为世家代表？也许是李唐，也许还是杨隋，当时的人们没有未卜先知的能力。

正如，有学者认为人工智能负责未来元宇宙的运维，是主导力量，会实现AI元宇宙；也有IT专家认为区块链能实现元宇宙的去中心化和经济功能，作为基础和核心，会实现区块链元宇宙……但这些都是猜想。

每个王朝有自己的施政特点和受惠人群。正如**元宇宙的发展路径不同，则未来的产业布局和商业模式也会有不同。**

在隋末乱世，普通人没有任何渠道去探知门阀世家的底细。但现在的我们却可以充分了解这八大数字技术的基本原理和应用场景，进而推断可能的商业模式和产业形态，做出自己的判断，不但能明辨真假元宇宙，更能从容面对未来的元宇宙。

9.5　元宇宙为何会被魔幻化

"元宇宙"这一概念为什么让很多人感觉很科幻，甚至魔幻？

对于不熟悉的事物，人们倘若缺乏足够的认知，就难以有独立且正确的判断，容易走到两个极端：认为事物过于高大上而产生神秘感和认为不可能而产生被忽悠感，从而跟风或抵制。

首先，资本的包装、炒作，以及有些媒体的盲目跟风和片面滥用。

数字技术领域，既创造过很多造富神话，也是一块肥沃的"韭菜地"，VR被炒过，区块链也被炒过，还有被炒成一地鸡毛的NFT。现在火热的ChatGPT又何尝不是包含了一些炒作。

打个比方，村里有位青年，名校毕业，大厂历练，具备人工智能、区块链等八项技能，并小有成绩，计划返乡创业，用数字技术赋能种植、养殖、加工、销售，逐步做大做强，可以说未来可期。但声称立马年入千亿，带领全村人一起走上人生巅峰，就有点扯了。不是没这可能，而是不够务实。画的饼太大，反而让人觉得不可信。

其次，很多人对数字技术缺乏足够的了解。

有些人买了元宇宙概念股，却不知道支撑元宇宙的数字技术有哪些，是什么原理，已发展到什么水平，能实现哪些应用，以及互相结合后的衍生和发展趋势。只有具备足够的认知，以后再遇到类似的概念炒作时，才能避免盲目入局，被"割韭菜"。

继续隋末乱世的例子，江湖人传陇西李氏能飞天遁地，弘农杨氏三头六臂，陈郡谢氏会驱使野兽攻城，琅琊王氏有一支可画千军万马的马良神笔……一传十，十传百，有些人信以为真，当神来膜拜；有些人嗤之以鼻，当作小丑看待。而实情是，没那么神奇，但的确有一定实力和不错的潜力。元宇宙也是如此。

9.6　以讹传讹的元宇宙八大特征

元宇宙被以讹传讹到什么程度呢？

提到元宇宙的特征，很多人都会引用Roblox在上市招股书里列出的关于元宇宙的八个特征：identity(身份)、friends(社交)、immersive(沉浸感)、low friction(低延迟)、variety(多样性)、anywhere(随时随地)、economy(经济系统)、civility(文明)。

这似乎已成为许多国内研究者的共识。但遗憾的是，有三点错误，罕有人发现或提及。

(1) Roblox讲的是Roblox游戏平台的特征，并非元宇宙的特征。

当然，Roblox平台目前最具有元宇宙游戏基因，从中能看到一些元宇宙的雏形，但其目的是推广游戏平台，而非元宇宙。

(2) 原文的low friction直译为低摩擦力，并非低延迟，具体应理解为低门槛、入手难度低，强调游戏简单、易操作，用户界面友好。

因为immersive(沉浸感)本身必须要求低延迟，没有低延迟，何谈沉浸感？所以，列举了沉浸感，再强调低延迟，无疑是多此一举。

(3) 原文中没有使用civility一词，而是使用safety(安全)一词，强调确保用户账户安全，遵守相关法律。

国外最早的报道来自*Stratechery*周刊发布于2021年3月9日的文章"The Roblox Microverse"。美国证券交易委员会的官网上有Roblox上市招股书的原文，作为最原始出处，也表明了上述三点。

Roblox上市招股书中对游戏平台的描述经过国内个别媒体的翻译、加工，就成了流传甚广的元宇宙八大特征。

Roblox作为元宇宙概念的引爆点，如果连他们提出的关键词都搞错了，会造成什么影响？一个地基有问题的大厦会怎么样？

这恰恰说明了元宇宙概念在普及过程中的一些乱象，这些乱象也为元宇宙的魔幻化起到了推波助澜的作用。

对于元宇宙，国家和各级政府的态度如何呢？

9.7 元宇宙的中国版本——数字中国

整体来说，我国各级政府支持元宇宙建设，但反对资本的过度炒作。

首先，为元宇宙正名，防止过度炒作。

2022年9月，全国科学技术名词审定委员会给出了官方权威定义，指出**元宇宙的本质就是数字世界**。还元宇宙本来面貌，防止元宇宙这一概念被资本过度炒作。

其次，大力推进数字中国建设。

一些地方政府把元宇宙写进了"十四五"规划，从中央到地方都非常重视数字中国建设。

2023年2月27日，中共中央、国务院印发了《数字中国建设整体布局规划》(以下简称《规划》)。《规划》强调推进数字技术与经济、政治、文化、社会、生态文明建设"五位一体"深度融合。"数字浙江""数字福建"建设等正进行得如火如荼。

数字中国和元宇宙有什么联系？

(1) 支撑技术相同：数字中国和元宇宙都是数字技术应用的深度融合之作，力图打造一个数字世界，自然离不开数字技术的支撑。

(2) 产生背景一致：世界正在走向数字化、虚拟化，数字技术已全面融入人类经济、政治、文化、社会、生态文明建设各领域和全过程，对人们的生产生活产生广泛而深刻的影响。

数字中国与元宇宙有什么区别？

(1) 同样是打造数字世界，数字中国更务实，强调数字技术的现实价值，即对现实世界的作用；元宇宙偏虚幻，侧重虚拟世界的价值。

(2) 数字中国作为国家的重要战略，迄今已发展得卓有成效。2023年《规划》的出台，进一步明确了具体可行的目标、规划和日期；而元宇宙对目标的描述仍比较模糊，甚至带有科幻色彩。

从某些方面看，数字中国可看作数字世界的前期阶段，元宇宙属于更后期。数字中国更易实现，元宇宙相对遥远。

因此，**数字中国可看作元宇宙的中国版本，也是最务实的元宇宙。**

第10章

"数字"堆金，"经济"叠玉，应是盛世良策

10月23日19时　咖啡厅内　大彭和胖子畅想未来

大彭：表哥，你信不信我能宅家一个月不出门？我都规划好了，平时在网上接logo(商标)设计、PS(图像处理软件)处理、剪辑短视频的单子，再做些平面设计教程的收费视频。饿了叫外卖，有事找跑腿，小病小痛线上问诊，家里乱了有家政服务，生活用品全部网购……

胖子：那你运动全靠梦游？

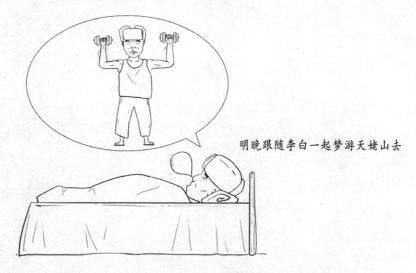

天真：数字经济下的懒宅生活，算是被你玩明白了。

10.1　数字经济的内涵

简单来说，**数字经济，就是基于数字技术的经济。**

数字经济是一个内涵十分宽泛的概念，众说纷纭，但我们可以通过选取三个比较有代表性的定义来深入理解。

第一个定义来自赛迪顾问：数字经济，是以数字技术为重要内容的一系列经济活动的总和，这些活动既包括数字化要素催生的一系列新技术、新产品、新模式、新业态，也包括数字化要素与传统产业深度融合带来的经济增长。

可见，**数字经济的核心就是数字技术加经济活动。**

数字技术中最重要、最前沿的就是前面说的大数据、云计算、人工智能、物联网、移动互联网、区块链和虚拟现实/增强现实。

经济活动是指包括产品的生产、分配、交换或消费等在内的活动。商业是经济的一部分。

正是数字技术的广泛使用，给传统的经济活动带来了巨大变革，产生了数字经济。如果不懂数字技术，就难以很好地参与数字经济的运行。

举个例子，到楼下水果店买水果，用现金支付是传统经济，在手机App上支付就是数字经济。

第二个定义来自经济学理论：数字经济，是人类通过大数据(数字化的知识与信息)的识别、选择、过滤、存储、使用，引导、实现资源的快速优化配置与再生，实现经济高质量发展的经济形态。

简而言之，经济活动中的一切信息存储和流动都以数字的方式进行。比如以前想和村里的姑娘小芳联系，靠手写信件，现在只需要发一条微信，成本和效率不言而喻。

第三个定义目前已得到最广泛的认可，来自《G20数字经济发展与合作倡议》：数字经济，是指以使用数字化的知识和信息作为关键生产要素，以现代信息网络作为重要载体，以信息通信技术的有效使用作为效率

提升和经济结构优化的重要推动力的一系列经济活动。

通过该定义，我们了解数字经济的内容具体如下。

(1) 关键生产要素：数字化的知识和信息。 数字经济时代是农业经济、工业经济之后的一种新的经济社会发展形态，农业经济的基础要素是土地，工业经济的基础要素是机器，而数字经济的基础要素就是数字化的知识和信息，或者说大数据。

(2) 重要载体：现代信息网络。 这个网络不仅是传递数据信息的信息互联网，还是在区块链技术支持下，无须借助第三方中介机构，就可以传递价值的价值互联网。

(3) 核心推动力：信息通信技术。 信息通信技术主要是大数据、云计算、人工智能、物联网、移动互联网、区块链技术和虚拟现实/增强现实等数字技术。

(4) 目标使命：提升效率、优化经济结构，推动一系列经济活动。 这些经济活动可以诞生新型经济形态，促进数据要素有效参与价值创造和分配，重构经济发展和政府治理模式，保障高质量的社会发展。

10.2 村花翠花养鸡的故事

很多人觉得农业经济、工业经济都是实实在在的，而数字经济似乎看不见摸不着，比较虚幻；也有的人觉得数字就是虚拟，数字经济就是虚拟经济。其实不然，**数字经济不是虚拟经济，并且正和传统实体经济深度融合，进而提升实体经济的发展韧性与创新能力，助推实体经济发展壮大。** 举一个长例子。

假设在村里，翠花靠养鸡生活。

以前村民想买鸡蛋，就要跑到翠花家喊："翠花，鸡蛋有吗？多少钱？"这确实比较麻烦。后来，有了电话，村民不仅能电话订购，还能和外村的养鸡户比价，方便多了。这就是信息传递方式的改变带来的好处。

翠花每天要接很多咨询电话，甚至大部分是外村村民打来的，业务多得应接不暇。

再后来，有了互联网，翠花就做了一个网站，把信息发布到网上。这些信息包括今日供应鸡蛋的数量、价格、样蛋图片等，并提供在线下单和支付功能。大家不用再打电话，上网一看就清楚了。由于订单太多，翠花没有那么多精力送货，于是专门跑腿送货的快递小哥就登场了。电商产生了，数字经济应运而生。这是数字经济1.0阶段，主要技术是互联网技术。

接下来，翠花要考虑是否该扩大产能了。以前，翠花只能记录每年销售鸡蛋的总数，根据历年平均值大概估计要养多少鸡，很不准确。如今，随着电商业务数字化，每一笔交易都会被详细记录。当然，除了这些数据，翠花还要考虑其他信息，比如：7月，很多村民家里集中办结婚酒席；8月，村民会办高考后的谢师宴；村民的生日多集中在9月，会购买大量鸡蛋，同时，村里有家蛋糕店，为村民做生日蛋糕也会用很多鸡蛋；猪肉价格暴涨，人们可能多买鸡蛋替代；村民甲喜欢深色鸡蛋壳的鸡蛋，一次会囤半个月的用量；村民乙喜欢浅色鸡蛋壳的鸡蛋，买一次吃三天……

因此，翠花不但要知道需要生产多少，还要精准预测每个时间段的需求量，最好能够在每个村民家中鸡蛋刚好吃完或正需要大量采购时，以合适的预期价格送货上门。由于涉及大量的数据记录、分析和预测工作，就需要新一代的数字技术来实现，于是大数据、云计算、人工智能等纷纷现身。

不仅在消费流通环节，翠花在生产环节也可以利用数字技术大展拳脚。新建的鸡舍安装有无线温湿度传感器、二氧化碳浓度传感器、噪声传感器等，自动调控温度、湿度、光照等参数；可以随时随地打开手机查询任意一只有编号的鸡，了解它的性别、体重、吃的何种饲料、每小时进食量等；每只自由放养的鸡都佩戴脚环，用于记录每天的啼叫、鸡间争斗次数及步数，一旦有异常情况发生，就可以及时处理。以前人工喂养时，1人养5 000只鸡是上限。现在"日理万鸡"很轻松，依靠的是物联网、移动互联网和人工智能等技术。这就是数字经济2.0阶段。

考虑到消费者心理及人们关注的营养健康等问题，翠花还利用区块链技术录入每只鸡的信息，详细记录鸡的年龄、成长记录、每天的运动量、活动范围、喂养饲料、冷链运输情况等。每只鸡都有一个属于它自己的不可复制的身份证，消费者可以通过查询鸡的身份证识别身份，了解鸡的一生，避免买到速成鸡。

这样的鸡和鸡蛋会不会价格很贵，普通人吃不起呢？

实际上并没有贵多少，2016年京东推出"跑步鸡"，网易饲养有机黑猪已有十多年，价格相对贵，但主要贵在饲料上，也并非贵得离谱。随着技术的发展，成本也会逐渐降低，直到低于传统养鸡成本。就像手机、计算机等曾经的奢侈品，现在早已"飞"入寻常百姓家。

数字经济不是虚拟经济，而是用数字技术这个新工具影响和改变了传统的实体经济，进化出了新的经济形态。传统经济活动中的一切信息，现在以数字的方式进行产生、存储、流动、处理等。

当然，数字经济也可能是一个阶段性的概念，最初叫互联网经济，"互联网+"特别流行，互联网+零售=淘宝、天猫、京东；互联网+通信=QQ；互联网+KTV=唱吧；互联网+美食=大众点评；互联网+相亲=世纪佳缘、珍爱网；互联网+银行=网银。移动互联网出现后，移动互联网+通信=微信、钉钉；移动互联网+美食=美团、饿了么；移动互联网+金融=支付宝；移动互联网+汽车=滴滴等。但现在，"互联网+"已经不能全面概括数字经济，因为互联网衍生出了更多的新技术，比如大数据、云计算、人工智能、区块链等，它们都是数字经济的一部分，目标是让互联网化后的世界更加智能化、智慧化，所以又兴起了"云+""人工智能+""区块链+"等。

随着人工智能等技术的发展，数字经济可能会逐渐发展为智能经济。无论是叫互联网经济，还是叫数字经济或智能经济，都不抽象，并且已经或即将融入人们生活的各个方面。

10.3 "独乐乐不如众乐乐"的平台经济

先从平台的定义说起。

平台是一种虚拟或真实的交易场所，本身不生产产品，通过促成双方或多方供求之间的交易，收取恰当的费用或赚取差价而获得收益。

举个例子，商场里有卖衣服的、买衣服的，大家都去买卖，商场就是一个平台，这属于**传统平台经济**。但我们想买衣服，必须去商场，商场有营业时间，不营业时想买怎么办？以前没办法，现在是数字经济时代，商场搬到网上了，比如淘宝、京东等，好处是可以随时随地购买，商品也更丰富。这就是**互联网平台经济**。

而**我们现在说的平台经济，主要指互联网平台经济，是用数字技术"搭"的台**。

平台经济，是一种基于数字技术，由数据驱动、平台支撑、网络协同的经济活动单元所构成的新经济系统，是基于数字平台的各种经济关系的总称。

上述定义强调了数字技术，正是随着数字技术的普及，平台经济在数字时代获得了全新的规模、内涵和影响力。互联网的普及，为资源汇聚和分享奠定了基础；移动互联网和手机App的兴起，为平台的发展创造了良好条件。

举个例子，天猫、京东促成了卖家和买家的交易，是电商平台；微信和QQ搭建了用户间相互沟通的桥梁，是社交平台；车主和乘客通过滴滴联系并进行交易，滴滴就是网约车平台。还有外卖平台(饿了么、美团)、信息知识平台(豆瓣、知乎)，以及文娱类、搜索类、工具类、门户类、互联网金融类、共享类、服务类、技术支持类、物流类平台等，都是平台经济的典型表现。国际上的谷歌、苹果、亚马逊等，国内的阿里巴巴、腾讯、百度、京东、字节跳动等，也都是采用平台运营模式。

互联网平台的发展大致可分为三个阶段：电商平台、行业平台、平台经济。

第一阶段，**直接面向终端消费者的电商平台率先崛起**。电商缩短了生产者和消费者之间的距离，减少了中间环节，让消费者可以购买到更廉价的商品。消费者可以在线上与更多商家直接沟通、交流，打破信息不对称的局面。

第二阶段，随着互联网与产业融合加深，平台模式组织的资源种类越来越多，对资源的组织能力也越来越强，**平台的产业领域趋于多元化发展，出现了一些行业平台**。例如，专车、外卖、众包等诸多基于互联网平台的新产业领域。

第三阶段，随着平台与产业领域的融合越来越深入，其对产业和产业组织变革的影响力越来越大，越来越多的传统企业进行数字化转型，线下交易纷纷开始向线上转型，**平台逐步由一种商业现象发展为一种经济形态**。例如，阿里巴巴作为市值最高的零售商，却没有库存；微信是最大的内容生产商，本身却不是内容的创作者，用户才是。

我国发展平台经济具有非常现实的意义。我国经济的发展正处在新旧动能转换时期，步入了创新资源全球化阶段。"互联网+"改变了传统的产业链组织方式，正在以平台为核心重组产业生态。

举个例子，病人去看病，有的医院"排队三小时，看病五分钟"，而有的医院相对空闲。如果搭建一个网上平台，让患者和所有医院的医生都登录这个平台，患者在平台上找医生，哪个医生有空就接诊，直接在线交流、沟通，这叫作远程医疗平台。

这就是对传统的产业链进行了解构，然后围绕平台，重新塑造出一个新的生态圈。这样消除了供求关系之间的信息不对称，使得供求得到良好匹配，资源得到合理配置。

未来，随着高端芯片、量子芯片、人工智能、物联网、工业互联网、5G、AR/VR、区块链等技术的发展，平台经济将延伸至更多领域，并向传统经济领域加速渗透。线上线下融合为一体，推动商业模式、经济形态和人们消费习惯的彻底改变，使整个经济的微观基础发生变化。

平台时代，已经到来。

10.4 "岂曰无衣？与子同袍"的共享经济

共享经济，是指通过协作、使用、分享，而非拥有的方式，最大限度地利用冗余资源来组织生产和消费。

它的两个必备条件是冗余资源和适度回报。

举个例子，你每天开车上班，有位邻居和你顺路，于是你经常顺路带他一程。如果他没给你任何回报，那就只是单纯的邻里帮助；如果他给你钱或加油卡等物品作为回报，那就是共享经济。这里满足了两个必备条件：你的车上有空位，给对方乘坐时获得了回报。

因此，共享经济就是将你闲置的资源共享给别人，提高资源利用率，并从中获得回报。

共享经济作为一种资源的合理配置方式，存在两个特征：第一，资源是私有的；第二，资源让渡行为是短期行为而非长期行为。

共享经济并不是一个新事物，现在的热潮主要得益于数字技术的发展。

(1) 共享经济的共享，本质上是弱化所有权，强化使用权。 在这种情况下，我们不需要拥有某种东西，只要在需要的时候能立即拿来用即可。这与互联网本身倡导的共享理念是一致的，所以作为互联网一代的"90后""00后"的私有观念更淡薄，更倾向于共同使用。

(2) 互联网的普及，在一定程度上解决了信息的不对称，使得人与资源之间的连接更加透明，闲散资源触手可及。 另外，移动支付的普及使交易变得非常便捷，也使"共享"更加易行。

(3) 物联网让物品可以被实时监测、追踪，区块链进一步解决信任问题。

总之，数字技术虽不是共享经济的必备条件，但却是共享经济能大规模发展的极为重要的条件。

共享经济也可称作分享经济， 虽然有些书会将共享经济和分享经济详加区别，实际上两者都由sharing economy翻译而来。sharing economy早期译作分享经济，后期改为共享经济，分享经济的概念也被共享经济替代，很少再被提及。

10.5 "乱花渐欲迷人眼"的注意力经济

网红经济是数字经济时代的一种经济现象，具体是以网络红人的品位和眼光为主导，进行选款和视觉推广，依托庞大的粉丝群体进行定向营销，从而将粉丝转化为购买力的过程。所以，**网红经济是粉丝经济的一种**。

从本质上讲，**粉丝经济和社群经济，还有美女经济、无聊经济、流量经济、视觉经济，都属于注意力经济的范畴**。直播、短视频、微博爆料、蹭热度、网红、大V等，几乎都是注意力经济的产物。

什么是注意力经济呢？先看一个定义。

注意力经济，又被形象地称作"眼球经济"，是指企业最大限度地吸引用户或消费者的注意力，通过培养潜在的消费群体，以期获得最大未来商业利益的一种特殊的经济模式。

为什么会出现注意力经济呢？

在知识爆炸的后信息社会，注意力资源已经成为十分稀缺的经济资源。当社会进入数字时代，信息极大丰富甚至泛滥，相对于过剩的信息，人们的注意力就变得稀缺，并成为一种资源。2011年，阿玛蒂亚森经济学奖得主陈云博士说："未来30年，谁把握了注意力，谁将掌控未来的财富。"

举个例子，20世纪七八十年代时，想买件衣服，村镇集市上转转，就那么几种款式，没什么可挑选的。让你决定购买与否的，是口袋里的钞票。到了90年代，通过电视、报纸等媒介了解了一些衣服品牌，也开始在明星的代言下，对衣服款式等有所取舍和选择，但毕竟十分有限。进入互联网时代后，电商兴起，打开淘宝、京东等，可选择的衣服是海量的，各种关于品牌、款式等的信息近乎无限，人们有限的注意力很容易迷失在无限的信息海洋里。人们未选择某商品往往不是因为选择困难,而是压根就没注意到,始终没出现在选择范围里。

在这种情况下,大众的注意力就成为最重要的资源。对商家来说,只有让大众注意到自己的产品,才有可能成为消费者。于是,大众的注意力就成了商家争夺的稀缺资源,对公众注意力的争夺便成为一种经济形态,注意力经济由此产生。相对于个体的信息过载导致注意力的经济化,也符合"新的短缺产生新的经济"的经济学规律。

怎么吸引大众的注意力呢?

抖音上搞怪的小哥哥秀了一出好戏,美丽的小姐姐跳了一曲热舞,只是为了逗你开心吗?我们的注意力是不是转移到了他们身上?

同理,明星为什么要炒热度,自媒体为什么偏爱"语不惊人死不休",为什么有那么多"标题党"?都是这个道理。

还有影响力经济,影响力经济是注意力经济发展的产物,是注意力经济升华的结果,也就是先吸引受众的注意力,再以影响力实现供求互动,使购买行为转变为现实。注意力经济相当于网红发广告链接,吸引大家的注意力;而影响力经济则有点像网红直播带货,推荐产品引导消费者下单,直接影响大家的购买决定。

10.6 "谁家玉笛暗飞声"的倾听力经济

注意力以视觉为主,但在视觉大爆炸的时代,视觉经济已接近饱和,信息过载,文字、图片、视频强行进入大众视野。于是不少人选择移开视线,单纯沉浸在声音的世界里。

一些平台便把可视信息变成可听信息,不仅可以缓解注意力短缺,而且使倾听力资源发挥作用,从而找到了网络经济的另一个增长点。倾听力经济应运而生。

倾听力经济,又称耳朵经济、声音经济,是在政策推进、经济发展、

技术进步和社会需求增长的驱动下诞生的，是以网络直播、有声读物、知识付费为主要形式的经济形式。

倾听力经济以听觉为主要刺激对象，可以让人调动更少的感官进行信息获取，具有很强的伴随性，比如开车时听电台、走路时听音乐、做饭时听相声、睡觉前听有声书……"声音"这一古老媒介，在搭上互联网快车后焕发新生。

《中国音频市场年度综合分析2022》显示，音频已成为众多互联网用户必不可少的陪伴选择，高达80%的用户表示在通勤时有收听音频的习惯，其次分别是居家场景、夜间场景、工作与学习场景、运动场景和亲子场景。

倾听力经济的主要形式和载体是移动音频平台，按照服务内容可分为三类。

第一类，包罗万象的聚合型平台，如喜马拉雅和蜻蜓FM等；

第二类，小众窄播的专业型平台，如聚焦高效知识服务的得到、瞄准二次元市场的猫耳FM和专注有声书的懒人听书等；

第三类，以直播、互动为核心业务的音频直播平台，如荔枝、KilaKila等。

倾听力经济具有以下特点。

(1) 传播者大众化。以荔枝App为例，其特有的节目便捷录制编辑系统，受到大量普通用户的喜爱，录制和发布个人作品特别简单。

(2) 传播内容多元化、精细化。云技术的发展使得移动音频平台可以在网络上建立一个庞大的数据资源库，为用户提供丰富、多元、专业化的各类音频资源。

比如，喜马拉雅App提供小说、直播、儿童、地区、广播、相声、人文、历史、娱乐、音乐等十几个门类的有声作品供用户选择，精准满足用户需求。

(3) 传播过程碎片化、互动性强。移动音频平台的日常使用场景十分随意，具有很强的碎片化特征。用户可以在上下班途中、等餐间隙收听音频节目，在评论区与主播互动留言。语音直播的兴起，更是增强了平台的互动性和社交性，声音社交成为新的增长极。

声音社交可以让人在交流中无须受金钱、容貌、学历等方面的干扰，只需要专注于对方的声音和话语中包含的意思，越过虚荣肤浅的颜值偏执和金钱崇拜，更容易实现思想和灵魂的深层交流。

据赛立信统计推算，我国在线音频用户在2022年达到6.92亿人，月均用户达3.3亿人，用户增量还有挖潜的空间。iiMedia Research(艾媒咨询)调查显示，中国声音经济产业市场规模保持连续增长态势，2022年达3 816.6亿元，预计2023年将超过5 100亿元。

未来随着智能汽车、智能音箱、智能家居、智能穿戴设备等硬件设备的普及，倾听力经济会有更多的想象与发展空间。

10.7 "安能摧眉折腰事权贵"的零工经济

零工经济是指由工作量不多的自由职业者构成的经济领域，利用互联网和数字技术快速匹配供需方，主要包括群体工作和经应用程序接洽的按需工作两种形式。

这个定义太学术化，简单来说吧。

零工经济，本质上是一种短期工作形式，每个人利用自己的空余时间，帮别人解决问题从而获取报酬；同时，有一些企业为了节约成本，选择弹性的用工方式让自己的人力成本变得更精益，但是要区别于"打零工"。

零工经济中的"零工"不是过去认知中的"临时工"，做一些跑腿打杂的工作。零工经济的特点和优势在于，参与者在各自专业领域的专业度及专注度上甚至要高于一般企业从业人员。零工经济提供了个人利用自己的时间和技能交换金钱的便捷方式，符合新型雇主关系。

举个例子，关于**"星期日工程师"**的来历，20世纪70年代末，苏南的乡镇企业刚起步，缺乏熟练使用、维修设备的技术人员，怎么办呢？这些企业通过一些关系，从上海、南京等城市的工厂或科研机构聘请工程师或专家，来帮助解决技术难题。这些被聘请的、利用周日来乡镇企业的技术人才，便被称为"星期日工程师"。这也是中国早期的零工经济，但由于当时思想观念保守和信息技术不发达，零工经济没有得到大规模发展。

随着互联网的普及和信息技术的发展，零工经济重新兴起。

早期是互联网扮演劳动者和企业的"撮合者"角色。企业通过招聘类网站，将兼职、短期用工等需求信息发布出来并招募合适的求职者，可以看作**零工经济1.0**。

现在基于大数据、移动互联网、云计算等数字技术，一些企业内部的各个工作单元可以进行跨地区的协作或外包，生产方式和工作模式发生巨大变化。远程办公、居家办公和移动办公等办公模式大量涌现，威客、斜杠青年、U盘化生存、新个体户等大量自由职业者群体和工作方式出现，可以看作**零工经济2.0**。

阿里研究院的报告显示，到2036年，中国可能有多达4亿人属于零工经济的自由职业者。麦肯锡全球研究院2016年的研究称，美国有5 400万到6 800万人通过自主工作和临时工作获得一定收入，但同期美国只有1亿多适合工作的人口。

零工经济的快速发展给经济和商业模式带来巨大活力，大大改变了经济资源的配置方式和效率，也通过提供岗位、增加收入和改变生活状态等途径，产生了较大的社会效应。

(1) 解决和吸纳就业是零工经济最主要的社会效益之一。有人指出，自由职业已成为就业、创业之外的第三条职业道路。

(2) 零工经济，在提供工作机会的同时，也为劳动者增加了一份收入。例如，猪八戒网、天下威客、一品威客、威客中国、任务中国、智城、中国悬赏写手等威客或兼职平台，能根据用户的地理位置、背景资料、技能特长、历史订单等进行大数据分析，智能匹配并推送最合适的用工信息，包括家政保姆、美容美甲、模特，以及法律咨询、翻译、文案、策划、设计、代码编程等。每个人都能找到用武之地，利用业余时间获取更多收入。

10.8 "我与狸奴不出门"的网宅经济

网宅经济又称宅经济，是指通过数字技术和网络平台，为用户提供各种线上消费和服务体验的经济形态。

顾名思义，"网"指互联网等数字技术，"宅"就是足不出户。由于人们足不出户，就需要通过互联网等数字技术，完成一些之前需要外出才能完成的工作、购物、社交等经济行为和社会活动。

举个例子，你是个深宅，通过钉钉在家远程办公，还在某威客平台接活，偶尔在抖音上做做主播，饿了叫美团外卖，衣服等物品在淘宝网购，小病网上问诊，家里乱了找家政服务，平时给同事送文件，甚至给妹子送花也叫同城跑腿，这些都可看作网宅经济。

网宅经济的兴起，源于互联网和数字技术的普及与发展，目前已经发展出一个庞大的生态体系。宅经济的范畴比较大，应用场景包括在线教育、云办公、网上零售(电商)、在线游戏、看小说、听音乐、看直播、刷短视频、社交社区等。

1. 网宅经济的优点

(1) 更加自由和灵活。网宅经济为人们提供了更加自由和灵活的工作、学习、生活方式，可以更好地平衡工作和生活。

(2) 节省成本，更加环保。远程工作、远程教育等方式可以大大降低企业和个人的运营成本，同时也可以减少交通、租房等方面的费用，尤其可以减少人们出行的次数和距离，从而减少能源的消耗。

(3) 推动产业发展。各种电商平台、在线教育平台、在线娱乐平台、社交媒体等网站和应用的蓬勃发展，为用户提供了各种线上消费和服务的选择，也带来了更多的商业机会。

2. 网宅经济的缺点

(1) "宅男宅女"过分沉迷网络，久坐不动、缺乏运动锻炼，以及不规律的作息、不健康的饮食，都会对身体健康有不良影响。

(2) 长期待在家里，有可能导致孤独感和社交孤立，甚或产生社恐、抑郁等心理问题。

归根结底，网宅经济是在中国多样化、个性化消费升级的大趋势下，商家依托互联网、大数据、人工智能等数字技术，深化供给侧结构性改革、提供新供给的一种积极探索。

在一些书里，网宅经济也被称作懒宅经济，重点在足不出户的"宅"上。另外，还有懒人经济，重点在不想亲力亲为的"懒"上。

10.9　"为你剥虾、为你遛狗"的懒人经济

心甘情愿为你剥虾的，除了亲人和爱人，还有剥虾师。

懒人经济是指以节省时间和劳动为目的，通过各种便利和智能化的服务与产品，来提高生活质量和效率的经济形态。

懒人经济的兴起源于人们日益忙碌的生活和工作节奏。随着社会发展和技术进步，人们对时间和效率的要求越来越高。因此，各种节省时间和劳动的服务与产品开始受到人们的青睐。

懒人经济中，除了剥虾、遛狗、整理收纳等人工服务，更多的是智能家居设备的使用，用智能设备代替人工，用略高的经济成本达成目标。

下面举例来说。

智能家电：如智能洗衣机、智能冰箱、智能空调等，可以通过智能手机或语音控制实现开关、温度、湿度等参数的调节，节约能源，提高生活质量。

智能安防系统：如智能门锁、智能摄像头、智能烟雾报警器等，可以实现远程监控、报警、防盗等功能，提高家庭安全性。

扫地机器人：扫拖全能，能够进行路径规划和路线补漏，更高效地彻底清扫各种卫生死角，保证家里每一处都十分整洁。

还有自动清洗、烘干的洗碗机，只需要将碗筷放入机器中，就能得到洁净如新的碗筷；智能灯光控制系统可以通过智能手机、语音控制或自动化设置，自动调整家庭灯光的亮度和色彩，适应不同场景，满足不同需要；智能窗帘系统可以自动控制窗帘，实现光线控制、遮阳防雨等功能，提高居住舒适度。

总体来说，**懒人经济是一种以时间和效率为导向的经济形态，它利用科技和创新为人们提供更加便捷与高效的生活方式。**

未来可能是：回家一开门，灯光就自动亮起，空调自动调到了合适的温度，拖鞋是加热过的，地面也已经被机器人打扫完毕，主人只要动动嘴，就能控制家中的窗帘、座椅、电视……

10.10　"此处无人胜有人"的无人经济

无人经济，就是利用人工智能和自动化技术，代替人类从事生产、物流、销售、服务等各个环节的工作，以实现更高效的生产和服务的经济形态，比如，无人便利店、车站的无人按摩椅、自助贩售机、自助健身房、自助洗车、迷你KTV、智能快递柜、娃娃机等。

无人经济是以互联网为基础，借助大数据、人工智能识别、射频识别、物联网等技术，减少劳务输出，降低成本，提高效率的新型消费关系重构。

1. 无人经济的应用

无人经济作为数字技术高度发展的产物，有很多具体应用场景。

(1) 无人零售。无人零售是无人经济中较为成熟的一个领域。随着人工智能的发展、大数据技术的全方位应用，以及移动支付技术的成熟，无人零售逐渐成为全球零售业的未来发展方向。优点在于：第一，为消费者提供了新的购物渠道并丰富了消费者的消费场景；第二，为运营者节约了前端成本并拓展了商店布局。

举个例子，24小时营业的缤果盒子，如果用人工服务，每个终端每月至少多投入1万多元。而省去这个成本后，在一些流量低的区域也可以增设终端，极大地便利消费者的同时还能盈利。

目前，无人零售主要包括开放货架、无人货柜、无人便利店、无人超市四种形式。

(2) 无人酒店。随着人力成本的不断上升，酒店行业的成本也不断攀升，而酒店智能化可以大规模减少人力成本与能耗成本。消费者可以自助入住，由机器人辅助管理，提高酒店私密性，增强消费者的入住体验。

(3) 无人驾驶。无人驾驶是未来交通的主流，其本质是智能驾驶。无人汽车搭载雷达、车道保持系统、测距系统、红外线摄像头、GPS导航系统等，为无人汽车的道路行驶和道路安全保驾护航。

(4) 无人仓储。在数字化和自动化的时代，传统的运输和仓储模式已经被数字技术所改变。物联网+人工智能实现了物流仓储的无人化与智能化。无人仓储具有自主导航、高效分拣、大数据管理和全面安全等特点，极大优化了仓库管理流程，提高了物流运营的效率，彻底改变了传统物流领域的工作方式，是未来物流行业转型升级的必然趋势。比如，京东的"亚洲一号"无人仓库中，几百个机器人24小时工作且分拣精准度极高。

2. 无人经济的主要特征

(1) 自动化程度高。无人经济利用机器人、自动化设备和人工智能等技术，实现生产、物流、销售和服务等各个环节的自动化与智能化。生产流程中的各个环节自动完成，且更加精准、高效和便捷，提高了生产效率和质量。比如，在传统便利店，收银至少占据了店员50%的工作量。而无人便利店收银效率提高了78%，更省去了柜台收银的环节，人力成本节省100%。

(2) 数据化程度高。无人经济中涉及大量的数据处理和管理，包括生产数据、销售数据、服务数据等。通过数据的收集、分析和应用，无人经济可以实现生产流程的优化和精细化管理，提高生产效率和质量。

同时，数据也可以为企业提供更准确、更精细的市场和用户洞察，从而实现更精准的营销和服务。

(3) 安全、高效。在一些高危行业和恶劣的工作环境下，危险作业机器人已经可以代人"涉险"。矿山开采事故风险高，机器人需求迫切。2020年，工业和信息化部就提出在高危行业推广全流程的少人、无人化生产，督促企业对设备进行智能化改造。

同样，无人经济在农业领域也发挥了巨大作用。比如，近6 000台无人拖拉机和超5 000台无人植保飞机在新疆参与农业生产；黑龙江友谊农场实现了无人驾驶插秧，秧苗栽植更均匀，每亩地节约人力成本16元。

此外，智能收割机、智能除草机、挤奶机器人、农业自动化与控制系统等不断推动农业现代化的发展进程，加快了智慧农业的普及和发展。

3. 无人经济存在的问题

(1) 消费群体偏窄，用户整体素质仍须提高。目前我国的无人经济消费人群基本上为"80后""90后""00后"这一群体，其余消费群体由于文化水平偏低和不太会使用智能手机等原因，对无人经济敬而远之。

(2) 数据泄露的安全隐患和黑客攻击的风险。智能系统中涉及的数据和信息很多，包括用户隐私、交通数据等，黑客可能通过攻击无人驾驶车的传感器或无人机的摄像头来窃取这些数据，也可能通过攻击自动售货机的软件，使其发生故障或出售假冒产品。

(3) 亟须完善无人经济相关法律法规。我国无人经济目前仍处于起步阶段，相关法律法规尚未建立健全。比如，无人零售机出现故障，产品大量掉落，消费者全部拿走是否违法；无人汽车在行驶中出现交通事故，责任该如何界定等问题，都需要尽快出台相关法律予以完善。

总之，物联网、人工智能等数字技术为无人经济的发展提供了技术支撑；人口红利的逐渐消失、人力成本的逐渐增加为无人经济的发展提供了经济保障，降低了运营成本。无人经济正逐渐成为经济活动的新方向，无人便利店、自助餐厅等与生活息息相关的智慧型商业形态纷纷出现，未来更将呈现裂变式扩展，从服务端向生产端全方位覆盖大众生活，从单一行业向多行业裂变，多元化发展。

第11章

如臂使指的数字政务

11月11日19时　政务服务中心的广场前　大彭感谢天真

大彭：谢谢真哥带我来这里。什么叫效率？这就是效率！

小时，我爸在村里开个小卖铺，个体户营业执照足足办了三个多月。现在竟然只要跑一次，加跨省调取也不过30分钟！

天真：不用谢我，应该感谢数字政务。

11.1　从"盖章难"到"最多跑一次"

曾经盖章办事有多难呢？跑断腿、磨破嘴、交了钱、受了罪。办事跑十几个部门，盖几十个公章……这是不少普通人经历过的事情。

究其原因，首先，一些部门没有简政放权，为群众办事没有简化手续，宁可让群众"多跑腿，走弯路"；其次，信息不对称，群众不知道具体找哪位"领导"，该走怎样的流程；最后，各部门存在"信息孤岛"，相关数据不能有效联通、共享，需要群众自己跑多个部门开证明。

而浙江省自2016年开始的"最多跑一次"改革，将大数据、云计算、人工智能等新一代数字技术融入政务处理，简化行政审批手续等进行政务流程再造，打破部门信息壁垒，让"数据跑路"代替群众跑路，让企业和群众到政府办事实现"最多跑一次"。如此一来，政府效能大大提升，赢得了群众的良好口碑，何乐而不为呢？

数字政务是什么？

数字政务是指政府利用数字技术，改进政府管理和服务，提高政府工作效率和服务水平的一种新型政务模式。本质是将数字技术与政府工作相结合，通过数字化手段实现政府的数字化转型和智能化升级，推进政府工作方式和管理模式的变革，提升政府治理能力和公共服务水平。

《中华人民共和国国民经济和社会发展第十四个五年规划和2035年远景目标纲要》明确提出"提高数字化政务服务效能"。将数字技术广泛应用于政府管理服务，不仅是建设数字中国的重要内容，也是推动数字化建设成果惠及广大人民群众的有效举措。

11.2 如何让"数据跑路"代替"群众跑腿"

数字政务不是将政府管理事务原封不动地搬到互联网上，也不是简单地搭建线上管理和服务平台。也就是说，数字政务不能简单地理解为"数字技术+政务管理"，而是包括三方面的变革。

1. 观念转变

政务的数字化转型，不是单纯的技术转型，而是对传统意识和观念的转变甚至颠覆。

在数字政务中，公务人员传统的等级关系仅以网络用户权限来体现，一切公务活动都记录在日志文件中，权力的使用更加透明、公开。公务处理由计算机程序进行，避免人为干预。"吃、拿、卡、要"在此制约下受到一定程度的限制。因此，数字政务可以有效地减少官员的权力滥用和贪污腐败。

2. 流程变革

传统的政府机构是层次结构，上一级管若干下一级。各职能部门的条块分割使得公共服务"碎片化"，公共服务效率反而不高。

数字政务的管理趋向扁平化、并行化，真正从方便企业与群众办事的角度出发，打破传统政府部门的条块式划分模式，突破地域、层级和部门限制，重组和优化政府业务流程，全面重塑公共管理和公共服务体系，实现从过去"办事跑政府不同部门"到按事务流程处理的转变，打造人民满意的服务型政府。

3. 数据整合

传统电子政务数据存在"数据烟囱""数据孤岛"现象，"数据壁垒"也因职能部门间的边界而存在，导致数据采集难度大、质量差，数据之间不能联通。

数字政务借助大数据、人工智能等数字技术，以数据集中和共享为途径，联通"数据孤岛"，打破数据壁垒，推动业务融合、数据整合，以数字化手段实现部门间的协同配合，最终以数据为链条，促使政府各职能部门之间的边界日益淡化，逐步打造无缝隙的政府和整体性的政府，真正实现以数据运转为核心的新型政务服务体系和模式。

11.3 从"跨省通办"到全国一体化 政务大数据体系建设

随着电子政务基础设施的建设、数据资源的整合和数字技术应用的普及，全国政务服务"一张网"覆盖程度及服务水平显著提升。数字政务逐步转化为"部门分工办""窗口集中办""一件事一次办""一证简化办""无证刷脸办""网上自助办""掌上移动办""指尖办"，已经涌现出"跨省通办""24小时不打烊""一次不用跑""秒审"等创新实践，这不仅能够实现深化"放管服"改革，还能为数字经济发展、数字技术应用提供丰富的应用场景、海量数据资源、数字化投资项目及数字技术人才，成为推动数字经济发展的重要引擎。

数据显示，截至2021年底，超过1/4的国家部委实现政务服务100%全程网办，超90%的省级行政许可事项实现网上受理和"最多跑一次"。

2022年10月28日，国务院办公厅发布《全国一体化政务大数据体系建设指南》(以下简称《指南》)，作为我国一体化政务大数据体系的第一个全国性公共数据的法规性文件，明确了全国一体化政务大数据体系建设的总体架构、主要内容和保障措施，要求各地区、各部门按照《指南》要求，加强数据汇聚融合、共享开放和开发利用，促进数据依法有序流动等，增强数字政府效能。

2022年1月21日，浙江省出台全国首部公共数据领域的地方性法规《浙江省公共数据条例》，规定了省域公共数据发展和管理的原则、公共数据平台和数据的收集与归集等。同年，上海市、深圳市分别发布了《上海数据条例》《深圳经济特区数据条例》，进一步在市域层面促进公共数据依法有序自由流动。目前，全国31个省、自治区、直辖市和新疆生产建设兵团均已结合政务数据管理和发展要求明确政务数据主管部门，制定大数据发展规划和政策措施，统筹推进数据资源的开发和利用。

总之，数字政务建设是整个经济社会数字化改革的关键，也是数字中国建设的重要组成部分。数字政务以"人民需不需要、满不满意"作为最终评判标准，充分发挥数字技术在打破数据壁垒、提升数据流通效率、拓展惠民新应用等方面的重要作用，打造泛在可及、智慧便捷、公平普惠的数字化服务体系。

第12章

古韵新风的数字文化

12月12日9时　嘉兴博物馆内　天真、温好、胖子、大彭闲聊

嘉兴博物馆

胖子：这次博物馆之旅真不错。以前来逛，讲解员不在场的话，很多展品看得一头雾水。现在，扫码就能随时听到专业讲解，收获不少。

大彭：可惜展品分批展出，有一件我特别喜欢的，这次没摆出来。

温好：其实你可以通过手机登录嘉兴博物馆云展馆，随时随地都可以看。

天真：这就是数字文化的好处。

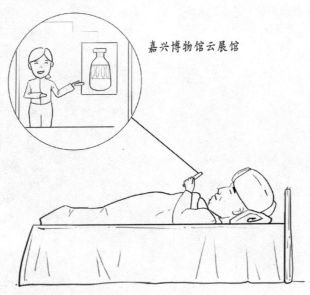

嘉兴博物馆云展馆

12.1 一起"云游敦煌""点亮莫高窟"

2020年2月，腾讯联合敦煌研究院推出"云游敦煌"微信小程序，利用区块链等数字技术，首次在线上重现千年前莫高窟的点灯夜景，复原了莫高窟燃灯民俗，与用户共同打造出莫高窟"一川星悬"的盛况。人们不仅可以近距离欣赏精美的敦煌石窟壁画、彩塑、石窟建筑，还可以参与"敦煌动画剧""云采丝巾"等互动活动。小程序上线仅24小时，用户浏览量便超200万，接近莫高窟2019年全年的游客数量。

"云游敦煌"利用数字技术，巧妙演绎敦煌文化内涵，让其以一种鲜活的姿态进入年轻人的视野，这正是数字文化的具体体现。

如何定义数字文化？

数字文化指通过计算机、互联网，采用数字化视频信息采集、处理、存储和传输技术进行的文化的数字化共享。

具体解释就是**文化资源利用XR、5G、人工智能等数字技术，借助互联网平台，实现文化传播的时空普及与内容升级，具备创新性、体验性、互动性的服务与共享新模式。**

数字文化既是一种新的文化形态，也是一种新的文化消费方式。 数字技术使得文化产品越来越丰富，传播和消费也越来越便捷。数字图书馆、数字影院、数字音乐和数字游戏等，为人们提供了不同种类的文化享受，丰富了人们的精神生活。

数字图书馆已成为人们阅读、学习、获取知识的主要途径之一。人们可以通过互联网借阅海量的数字图书，读到国内外最新的畅销书籍，大大拓宽了获取文化信息的渠道。

数字音乐则可以随时随地陪伴人们，为人们提供了更为多元化的音乐体验，也使人们更易找到自己喜欢的音乐，并沉醉其中。

数字影院让人们在家也可以观看院线电影。有些影院提供在线影片租赁业务，让人们通过互联网就能欣赏最新的院线大片。

数字游戏作为一种充满互动性和趣味性的文化产品，也促进了数字文化的繁荣。

数字文化正不断地丰富着人们的精神文化生活。数字技术和文化的融合，也让文化消费在时间和空间上更加自由、多样。

2022年5月22日，中共中央办公厅、国务院办公厅印发了《关于推进实施国家文化数字化战略的意见》，**其中明确，到"十四五"时期末，基本建成文化数字化基础设施和服务平台，形成线上线下融合互动、立体覆盖的文化服务供给体系，加快中华文化数字化成果全民共享。**

12.2 TikTok上热度极高的中国榫卯技术

在TikTok上，中国榫卯技术热度极高。一条展示榫卯构造的视频播放量高达5 250万次，海外网友纷纷评论"中国人实在太有才了""这是真正的工匠精神"。然而，2021年曾有媒体报道，中国榫卯技术被韩国以"大木匠"的名义申遗，以至于外国人以为这种木工技艺是韩国或日本创造的。

现在通过视频展示，既纠正了海外网友的错误认知，也展现出中国非遗手艺人精益求精、坚守传承的匠人精神，网友的评论里也出现了类似"中国匠人""艺术品""匠人精神"等词汇。

除了榫卯技术，还有针灸、微陶、龙舞、武术、春节民俗等非遗，无一不展现出中华传统文化的深厚底蕴和强大魅力。

日本动漫、韩流文化一度在世界上吸引了无数年轻人，然而拥有5000年深厚文明底蕴的中华传统文化为何未在世界上得到广泛传播？除了初期不够重视，还有一个主要原因就是没有找到合适的载体。

数字技术恰可以成为中华传统文化传播的最佳载体。数字文化将数字技术与传统文化相融合，通过网络文化数字艺术品的形式，以全新样态和新颖视角不断扩展中华优秀传统文化的传播与表现形式。

第一，数字媒体开辟传统文化传播的新渠道。

数字技术的发展催生了各种新媒体，使得信息的呈现、传达和展示方式更加多样化，为中华优秀传统文化的传播提供了多元化的平台和渠道。

传统媒介下，中华优秀传统文化的传播效率低、范围小、形式较为单一。而在数字技术加持下，人们可以通过视频平台、公众号等多种途径来了解中华优秀传统文化，打破时空局限，提升传播速度，拓展传播空间。

第二，数字叙事变革传统文化演绎的新形式。

数字技术，可以在传统故事中融入声音、图片、文字、动画、影视等多种媒体元素，使讲述内容可视化、形象化。这种信息时代特有的叙事形式，更便于听众理解、感知，常被称为数字化叙事。

数字化叙事不仅是一种叙事方式，也是一种文化创新，是利用数字技术对中华优秀传统文化进行内容再创造，能制作出全新的、更具感染力的文艺作品，比如河南卫视精心打造的《元宵奇妙夜》《端午奇妙游》《七夕奇妙游》等。

第三，数字技术提供文化遗产保护的新载体。

文化遗产作为不可再生资源，往往容易风蚀损坏，留存保护困难，但借助数字技术，比如拍照、扫描、录音、录像、情景还原再现等，可以将实物形态转化为数字信息，进行永久性保存和活态化传承。例如，故宫博物院已建立"故宫博物院藏品总目"数据库。

回顾历史，国家复兴一定要在经济振兴的基础上实现文化振兴，而文化振兴往往需要借助新技术的应用。

以美国为例，早在1895年时，美国就已成为世界上最大的经济体。但在英法德意等老牌欧洲强国眼里，美国依旧是一个"暴发户"，因为它们通过把持世界主流文化的歌剧、交响乐、芭蕾舞、文学、哲学等，主导着世界的主流意识形态，并不断向其他国家输出，而在这些传统文化领域，美国并无优势。但随着新兴的电影技术的发展，美国造就了好莱坞，并通过电影这一新兴载体输出美国文化，更实现了对老牌欧洲强国的超越。好莱坞、百老汇不仅仅是美国的文化产业，更是美国意识形态的载体。由此，美国实现了经济硬实力(骨骼)与文化软实力(肌肉)的强势结合，使美国文化成为世界主流文化之一，并成为其输出意识形态的载体。

今天的中国，同样面临这样的机遇，也是挑战。

12.3　让中华文化全景呈现，随处可见

2022年，中共中央办公厅、国务院办公厅印发了《关于推进实施国家文化数字化战略的意见》，聚焦战略目标和战略重点，对国家文化数字化的战略路径和步骤做出重点部署，提出到"十四五"时期末，基本建成文化数字化基础设施和服务平台，形成线上线下融合互动、立体覆盖的文化服务供给体系。到2035年，建成物理分布、逻辑关联、快速链接、高效搜索、全面共享、重点集成的国家文化大数据体系，中华文化全景呈现，中华文化数字化成果全民共享。

中国有超过10亿的网民在网络空间了解知识、获取资讯、娱乐交流，海量的信息内容、丰富的文化生态，在满足不同年龄段网民多元多样精神文化需求的同时，也深刻地影响着人们的理想信念、价值观念、道德素养、心理认知和行为规范。提供什么内容的数字文化产品，开展什么内容的数字文化服务，既事关社会主义文化繁荣发展，也事关国家长治久安，事关中华民族凝聚力和向心力。

2023年，中共中央、国务院印发《数字中国建设整体布局规划》，明确提出要"打造自信繁荣的数字文化"，对数字文化建设做出顶层设计和战略安排，推动我国数字文化迈向高质量发展"快车道"。

中国已成为图书、电视剧、动漫等领域世界第一生产大国；网络文学每天创作量新增超1.5亿字，用户规模超5亿；电影市场规模不断扩大，银幕数和票房收入跃居全球前列；国家公共文化云、智慧广电、智慧图书馆、智慧博物馆等建设深入推进……我国数字文化发展充满生机与活力，构筑了一道亮丽的文化风景线。

数字文化正是用数字技术整合中华优秀传统文化资源，深入挖掘中华优秀传统文化的优秀基因，对其进行创造性转化、创新性发展，不仅能够展示中华民族独特精神标识，彰显中华民族文化自信，也为中华民族伟大复兴立根铸魂。

"中华文化全景呈现"是实施国家文化数字化战略的最终目标。实现这个目标，需要统筹利用已建或在建数字化工程和数据库所形成的成果，全面梳理中华文化资源，推动文化资源科学分类和规范标识，按照统一标准关联零散的文化资源数据，关联思想理论、文化旅游、文物、新闻出版、电影、广播电视、网络文化文艺等不同领域的文化资源数据，关联文字、音频、视频等不同形态的文化资源数据，关联文化数据源和文化实体，提取具有历史传承价值的中华文化元素、符号和标识，丰富中华民族文化基因的当代表达，全景式呈现中华文化。

第13章

体察人间疾苦的数字社会

12月13日18时　烧烤摊上　大彭边刷抖音边聊天

胖子：这卖苹果的小哥有些面熟啊！

大彭：村东头的二蛋，在山上种果树做直播电商，前年用无人机帮乡亲喷洒农药上新闻了。现在咱村不但是直播村，还是智能温室大棚建设村。老家的5G信号不比城市差。我也许过两年也回老家。

天真：这就是数字社会的好处，乡村振兴也离不开数字乡村建设。

13.1　从"皇权不下乡"到"数字乡村"的乡村振兴之路

数字社会是什么？

数字社会，是以构筑全民畅享的数字生活为目标，以数字化、网络化、大数据、人工智能等当代信息科技的快速发展和广泛应用为支撑，通过数据驱动推动产业发展、公共服务及社会生活等领域数字业态变革性成长，形成全连接、全共享、全融合、全链条的数字社会形态。

简单理解，**数字社会是利用数字技术推进社会建设和社会治理。**

截至2022年12月，我国网民规模达10.67亿，手机网民规模达10.65亿。手机支付、网上挂号、App打车、在线学习、网络订餐、协同办公逐渐成为人们生活、工作的常态。

数字技术的成果不断融入生产生活，改变传统的生产生活方式，不断创造新的产业形态、商业模式、就业形态。人们的思想观念、思维方式、行为方式、社会交往方式，以及社会组织方式和社会运行方式等，都在随之发生深刻变化。数字社会建设，既是大势所趋，也是建设数字中国的重要内容。

以"数字乡村"为例，在过去的封建社会，有"皇权不下乡"的说法，即国家权力只到县一级，县以下依靠非体制的乡绅、族长等进行治理。并非皇权不想下乡，而是国家权力对广阔地域的统治鞭长莫及，后果就是造就了与皇权共天下的士大夫阶层。他们把持上传下达的政策渠道，可以上抗皇权，下压平民，还掌握了唯一的舆论权。国家权力无法伸展到社会基层，就容易造成国家与社会的分流。

中华人民共和国成立后，实现了"政权下乡"，土地改革让国家权力开始真正嵌入乡村，乡土社会被高度整合到政权体系中。但在各项事业蒸蒸日上的今天，"三农"仍是我国社会发展的短板。在此时代背景下，中央提出了乡村振兴战略。

乡村振兴，离不开数字乡村建设。数字乡村是伴随网络化、信息化和

数字化在农业农村经济社会发展中的应用，以及农民现代信息技能的提高而内生的农业农村现代化发展和转型进程，既是乡村振兴的战略方向，也是建设数字中国的重要内容。

2019年5月，中共中央办公厅、国务院办公厅印发了《数字乡村发展战略纲要》。2022年4月，中央网信办、农业农村部、国家发展改革委、工业和信息化部、国家乡村振兴局联合印发《2022年数字乡村发展工作要点》。2023年，《中国数字乡村发展报告(2022年)》发布。如今，光纤网络、4G移动通信网络已经覆盖99.9%以上的行政村，农业信息化应用场景日趋丰富，数字技术被广泛应用于农业、牧业、林业、渔业等诸多领域，电子商务在农村不断发展，农村数字化治理程度不断提高。

13.2　洞若观火的智慧城市

智慧城市(smart city)，是指在城市规划、设计、建设、管理与运营等过程中，通过物联网、云计算、大数据、空间地理信息集成等数字技术的应用，使得城市管理、教育、医疗、房地产、交通运输、公用事业和公众安全等城市的关键基础设施组件与服务更互联、更高效、更智能，从而为市民提供更美好的生活和工作服务，为企业创造更有利的商业发展环境、为政府赋能更高效的运营与管理机制。

简单理解就是，**智慧城市是运用各种数字技术，将城市的系统和服务打通、集成，以提升资源运用的效率，优化城市管理和服务，以及改善市民生活质量。**

具体来说，可以实现以下功能。

智能交通：实时监测交通流量、优化交通信号灯控制、推广公共交通等，提高城市交通的流畅性和安全性。智慧城市率先解决的问题就是堵车。比如杭州的"城市大脑"，通过对地图数据、摄像头数据进行智能分析，从而智能地调节红绿灯，使车辆通行速度得到了很大提升。

智能环保：通过环境监测传感器、智能垃圾分类、城市绿化等手段，实现城市环境的监测和管理，从而改善城市环境。

智能安防：通过视频监控、智能防盗等手段，提高城市的治安水平，保障市民的人身财产安全。

智能服务：通过移动应用、公共服务热线等方式，提供更加便捷和高效的城市服务，例如城市公共设施维护、物业管理、应急救援等。

智能能源：通过智能能源管理、智能家居等手段，提高城市能源的利用效率和节能减排水平。

智慧城市是数字时代城市发展的重要模式和目标，通过数字化、网络化、智能化技术的支持和应用，实现城市治理现代化，创新经济发展，使居民生活更美好。

13.3　技术层面和惠民本质

从技术角度看，智慧城市一般包含4个层面。

(1) 感知层：深层感知。通过监控摄像头、传感器、GPS等智能设备，全方位地获取城市系统数据。

(2) 通信层：广泛互联。将传统互联网、移动互联网和物联网三网融合，把孤立的数据关联起来，变成信息。

(3) 数据层：高度共享。利用大数据、云计算等数字技术，将智能分析后的信息变成知识，发挥价值。比如，共享视频监控、水电表信息等，平时用于部门间业务联动，突发事件发生时统一协同处置。

(4) 应用层：智慧应用。将知识与信息技术融合起来，应用到各行各业实现智慧应用。比如，"浙里办"App推出的公共支付、急事通、线上菜篮子、嘉物管、社区运动家等300余项便民应用，让市民体验到城市生活的幸福与便利。

总之，智慧城市的本质是通过综合运用数字技术、整合数据资源、统筹业务系统，加强城市规划和管理的新模式，是一种新型的城市管理与发展的生态系统。

智慧城市不是单纯地让城市变得更美好，而是要让城市里面所有的人感觉更好。举个例子，对成年人来说，"上班不那么堵，想开公司能快速明确流程，联系到上下游资源"就是智慧城市；对独居老人来说，"如果哪天在家突然跌倒爬不起来，有人能很快发现并送到医院"就是智慧城市；对小孩子来说，"如果在家也可以学习，能向老师提问，还能跟小伙伴交流"就是智慧城市；对警察来说，"公共场所没有死角，有警情能及时看到周边监控画面，任何逃犯都无所遁形"就是智慧城市；对消防员来说，"最好没有火灾，有烟雾苗头就能报警并自动扑灭，但假如有爆燃大火，我们也能一路畅通地迅速直达现场"就是智慧城市。

雄安新区管委会相继和阿里巴巴、腾讯、百度签署战略合作协议，将通过大数据、人工智能和物联网等数字技术，对整个城市进行全局实时分析，自动调配公共资源，修正城市运行中的缺陷，解决交通拥堵、自动驾驶、身份识别和授权，以及绿色经济发展和公共效率提高等问题。雄安有望成为全球历史上第一个人工智能城市。

第14章

绿色智慧的数字生态文明

12月14日20时　胖子家中　天真在玩手机

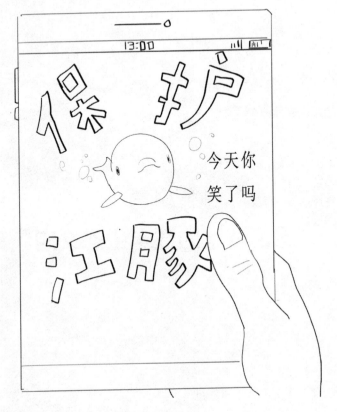

胖子问天真：你玩手机咋玩得这么入迷？

天真：保护江豚的小程序，不仅有趣，还能学到一些地理和生物知识。

温好好奇地探过头来：支付宝小程序"i江豚"。

天真：嗯，类似蚂蚁森林，也算是在参与数字生态文明建设。

14.1　数字技术为绿水青山开启灵智

数字生态文明是什么？

数字生态文明是指数字化赋能生态文明建设，利用数字技术为生态治

理全流程提供支撑，让精准识别、实时追踪环境数据成为常态，让及时研判、系统解决生态问题成为现实。

例如，嘉兴市杭嘉湖平原数字孪生水网，通过打造高精度、高算力、高效能的数字水网，开发了覆盖全杭嘉湖区域的水文水动力模型、洪水预报模型、洪水淹没分析模型和水利工程联合调度模型，全面提高预报、预警、预演、预案的能力，为水灾害、水资源、水生态、水环境"四水"安全保驾护航。

数字生态文明建设作为系统性工程，通过利用大数据、云计算、人工智能等数字技术，能有效构建智慧、高效的生态环境信息化体系，推动山水林田湖草沙一体化保护和系统治理，进一步提升生态环境智慧治理水平。

打个比方，物联网、5G等好比为青山绿水装上高效监测、主动预警的"千里眼""顺风耳"，而大数据、人工智能依托海量数据与强大算力，赋予了青山绿水科学分析、有效应对的"智慧脑"和"灵巧手"。此时的青山绿水就像开启了灵智，可以自己及时发现问题，自行处理一部分生态问题。

例如，在湖北石首的天鹅洲保护区内，水温、溶氧率、江豚进食量等数据被采集并汇总到智慧生态保护系统中，助力动物保护更加精准、高效。

14.2 数字技术助力"双碳"经济

双碳，即碳达峰与碳中和的简称。中国力争2030年前实现碳达峰，2060年前实现碳中和。"双碳"目标倡导绿色、环保、低碳的生产生活方式。

数字技术推进企业的数字化改革和绿色化转型协同发展。数字化和绿色化已成为全球经济社会转型的两大趋势，也是实现"双碳"目标的关键路径。一是数字赋能实体经济绿色发展，数字技术可实现资源的最优利用与分配，有助于降低全链条能源消耗；二是绿色牵引数字产业转型升级，以绿色转型为驱动，利用绿色技术，对数字平台、传输网络等进行绿色智能升级。两者相互融合，推动生产效率和能源效能共同提升，建立健全绿色低碳循环发展经济体系，提高产业和经济的全球竞争力。

近年来，上海在推动传统基础设施数字化转型，推广绿色低碳建筑，推动交通低碳化、智能化发展。阿里云通过绿电交易和部署光伏，实现了清洁电力在自建数据中心总用电中的占比从2022财年的21.6%提升到2023财年的53.9%[①]，并称将在2030年率先成为"绿色云"，电力供给100%采用清洁能源。我国5G基站单站址能耗已比2019年商用初期降低20%以上，全国规划在建的大型以上数据中心平均设计电能利用比值已降到1.3。节能建筑、节水农业、零碳工厂等数字应用新探索，也在大力促进绿色化转型。据预测，到2030年，各行业受益于数字技术减少的碳排放量将达到121亿吨。

数字技术也让低碳环保的绿色生活成为现实。宅家购买全世界商品、利用XR技术远程看房、智能控制家居照明……依托数字技术，绿色消费、绿色出行、绿色家居等应用场景日益丰富。

习近平总书记指出："建设生态文明，关系人民福祉，关乎民族未来。"《"十四五"国家信息化规划》提出"深入推进绿色智慧生态文明建设，推动数字化绿色化协同发展"，"以数字化引领绿色化，以绿色化带动数字化"。《数字中国建设整体布局规划》将"数字生态文明建设取得积极进展"作为2025年数字中国建设的重要目标，提出"建设绿色智慧的数字生态文明"，为新一代数字科技助力生态治理提出了新的要求。

当前，数字技术已成为数字生态文明建设的根基。大力发展数字技术，探索、拓展数字应用，推动建立绿色低碳循环的数字产业体系，积极探索与数字化相结合的碳普惠机制，是数字生态文明建设助推实现数字中国、美丽中国的必由之路。

---

① 数据来源于阿里巴巴集团发布的《环境、社会和治理报告(2023)》。

14.3 自然资源三维立体"一张图"

"一张图",是指国土资源"一张图"工程,是遥感、土地利用现状、基本农田、遥感监测、土地变更调查及基础地理等多源信息的集合,与国土资源的计划、审批、供应、补充、开发、执法等行政监管系统叠加,共同构建统一的综合监管平台。

简单理解,"一张图"工程相当于给中国的国土做了一个全面、深入的CT检查(电子计算机断层扫描),而且能够实时动态更新。

"一张图"里有什么?

"一张图"将结合中国三维实景、三维立体时空数据库等,建设"标准统一、数据权威、即时高效、信息共享"的基础地理信息数据库,可以精确掌握自然资源实体空间、位置、形态、关系等特征,快速获取山、水、林、田、湖、草等自然资源要素,以及居民点、交通线、建筑工程等社会经济要素。

"一张图"能做什么?

基于"一张图"以"立体空间"和"实体编码"建立起的统一自然资源数据体系和底板,通过大数据、人工智能等数字技术,搭建数字孪生应用场景,实现自然资源的全要素数字表达、全信息融合集成、多场景可视分析等,进而对各类要素精准分类识别、动态变化监测,精准感知自然资源要素的变化趋势,实现对山、水、林、田、湖、草等自然资源的数字化管理,以更好地进行整体保护、系统修复和综合治理。比如,自然资源部通过"一张图"系统,可以实时掌握全国土地和矿产资源的开发与利用状况,对全国每一块土地的"批、供、用、补、查"和每一个矿业权的审批、勘查、开采等进行实时全程监管。

第15章

大气磅礴的数字中国

12月15日9时　嘉兴图书馆元宇宙阅读体验馆　胖子问天真

胖子：这沉浸式体验很不错，为啥有人说元宇宙凉了呢？

天真：元宇宙没凉，是资本不再热炒，原先华而不实的外衣被剥落，现在更加务实。各地政府仍然积极推动元宇宙的发展，实现元宇宙是一个长期渐进的过程。

作为国家重要战略的数字中国，是元宇宙实现的必备基础，可看作元宇宙的"中国版本"，也是最务实的元宇宙。

15.1 推进中国式现代化的重要引擎

如今，**数字中国已经上升为国家战略，旨在通过数字技术的应用，推动中国的经济、社会和文化高质量发展。**2023年2月27日，国家印发《数字中国建设整体布局规划》(以下简称《规划》)，确定了我国经济社会数字化发展的总路线，是未来数十年中国数字技术发展的顶层设计和最高指导思想。《规划》指出，建设数字中国是数字时代推进中国式现代化的重要引擎，是构筑国家竞争新优势的有力支撑。

怎么理解数字中国呢？

广义来说，数字中国属于中国的国家信息化范畴，"宽带中国""智慧城市""互联网+""大数据""云计算"等都是数字中国的内容。

从狭义角度理解，有关专家认为，数字中国指的是以整个中国作为对象的数字地球技术体系，覆盖经济、社会、文化、生活等方方面面。

简单理解，**数字中国就是将社会的各个领域，包括经济、政治、文化、社会、生态文明建设等，都通过数字技术串联起来，达到万物互联的一种状态。**

数字中国建设的重点包括数字经济、数字政府、数字社会、数字文化、数字科技等五个方面。

数字中国是指以数字技术为基础的国家发展战略，可看作中国数字化转型的具体实践，核心理念是以数字技术为支撑，以数字化改革为手段，以数据和算法为驱动，提高数字化治理和经济发展水平，实现数字经济强国的目标，打造数字化、网络化和智能化的现代化国家。

15.2 数字中国的规划和目标

根据《规划》，数字中国建设将按照"2522"的框架进行布局。

(1) 第一个"2"指夯实两大基础：数字基础设施和数据资源体系。

夯实数字基础设施，在算力方面，建设通用数据中心、超算中心、智能计算中心等，并进行合理布局；在网络方面，加快5G网和千兆光网的建设，推进IPv6、移动物联网和北斗的发展与应用。

夯实数据资源体系，进一步完善数据共享、平台对接等方面的制度监管和政策法规，畅通公共数据、商用数据资源在共享、应用等方面的循环能力。

打个比方，夯实两大基础就像修炼内功，激活各大穴位，打通全身经脉。

(2) "5"是指推进"五位一体"：数字技术与经济、政治、文化、社会、生态文明建设深度融合。

数字经济与实体经济融合，充分提高生产力。数字政务强化政务数字化能力，提高为人民服务的水平。数字文化，深入实施国家文化数字化战略，促进社会主义精神文明建设。数字社会，推进数字社会治理精准化，深入实施数字乡村，推动发展成果全民共享。数字生态文明推动生态环境智慧治理，助推实现美丽中国。

打个比方，五位一体就像中国古代哲学里的"五行"，相辅相成，缺一不可。

(3) 第二个"2"指强化两大能力：数字技术创新体系和数字安全屏障。

建立自立自强的数字技术创新体系，通过健全新型举国体制和强化企业创新主体，突破"卡脖子"限制；构筑可信可控的数字安全屏障，对内对外增强数据安全保障能力。

打个比方，强化两大能力如同内外兼修，内功要自立自强，可自成一派；外功也要扎实，能够耐受外界击打而岿然不动。

(4) 第三个"2"指优化两个环境：数字化发展国内、国外两个环境。

在国内建立公平、规范的数字治理生态，完善法规，制定标准，有效禁绝"平台垄断""资本无序扩张"等不良现象；对外开放合作，构建共享共赢的数字领域国际合作格局。

打个比方，优化两个环境如同人在江湖，自身功夫要硬，外面朋友也要多。

《规划》还提出了到2025年和2035年的主要目标与任务。

到2025年，数字基础设施高效联通，数据资源规模和质量加快提升，数据要素价值有效释放，数字经济发展质量效益大幅增强，政务数字化、智能化水平明显提升，数字文化建设跃上新台阶，数字社会精准化、普惠化、便捷化取得显著成效，数字生态文明建设取得积极进展，数字技术创新实现重大突破，应用创新全球领先，数字安全保障能力全面提升，数字治理体系更加完善，数字领域国际合作打开新局面。

具体来说，即实现数字经济占GDP比重达到75%，新一代信息技术成为国家重要战略性资源，网络基础设施普及率达到95%，人民数字素养普及率达到60%。

到2035年，数字中国建设体系化布局更加科学完备，经济、政治、文化、社会、生态文明建设各领域数字化发展更加协调充分，有力支撑全面建设社会主义现代化国家。

15.3　共同富裕的基石

数字中国战略的重要性不言而喻。数字化技术正在深刻地改变着我们的生活和工作方式，已经成为经济发展和社会进步的重要推动力。而数字中国战略正是为了应对数字化时代的挑战和机遇，推进数字化转型，促进中国经济的高质量和可持续性发展。

2023年4月，国家互联网信息办公室发布《数字中国发展报告(2022年)》，重点评估31个省(自治区、直辖市)在夯实基础、赋能全局、强化能力、优化环境及组织保障等方面的进展与成效。综合评价结果显示，浙江、北京、广东、江苏、上海、福建、山东、天津、重庆、湖北等地区数字化综合发展水平位居全国前10名。其中，浙江**连续两年蝉联冠军**。浙江能率先建设共同富裕示范区，与数字经济的迅速发展有密切联系。

第一，数字经济能大幅度提高生产效率，加速社会财富的创造与积累，做大共同富裕的"蛋糕"；还能提高各种经济信息的透明度，有效提升社会财富在各阶层之间的流动性，助推社会财富的共享与普惠，进一步实现分好"蛋糕"的目标。

2022年，全球47个国家的数字经济规模总量达到32.6万亿美元，其中，我国数字经济同比增长9.6%，增速位居全球第一。数字经济的发展为我国经济在第四次工业革命中实现"换道超车"提供了机会。

第二，数字政务建立起的精准高效、适应经济社会发展的数字治理体系，能高效地推动社会空间数字化、社会服务共享化、社会政策精准化，使人民群众的幸福感、获得感、安全感不断提升。

第三，数字社会中的数字乡村建设，也能为乡村经济社会发展带来新的契机，成为实现乡村振兴、促进城乡融合发展的重要手段。

第四，共同富裕，不仅体现在物质上，也要体现在文化上。数字技术是助力文化"共同富裕"的重要手段，通过数字文化场景创新，增加优享、普惠、便捷的公共文化资源供给，助力共同富裕。

第五，数字生态文明为实现共同富裕提供强有力的支撑。共同富裕不是单纯的物质富裕，还包括精神富足、生态美丽，最终达到人与自然和谐共生、社会和谐和睦。社会主义现代化是绿色的现代化，共同富裕是架构在绿色发展上的富裕，想要实现绿色可持续发展、生态富民惠民，离不开数字技术应用场景的探索、实践及创新。

总之，共同富裕的实现，离不开数字中国建设。数字中国建设将促进数据资源规模和质量加快提升，促进数字经济高质量快速发展，并充分发挥数字化的普惠作用，防止出现数字鸿沟，惠及全体人民，缩小地区差距、城乡差距、收入分配差距。数字治理体系更加完善，也会促进经济、政治、文化、社会、生态文明建设各领域数字化发展更加协调充分，对实现共同富裕，全面推进中华民族伟大复兴具有重要意义和深远影响。

第16章

人皆备之的数字素养与数字能力

12月16日19时　天真家中　大彭吐槽网上"奇葩"的"杠精"

世界的真实

大彭：真哥，网上有些人为啥如此"奇葩"，言论让人瞠目结舌！

天真：这些人大概是被困在了"信息茧房"里。

16.1　数字素养和数字能力

什么是数字素养？

中央网络安全和信息化委员会在2021年10月印发的《提升全民数字素养与技能行动纲要》(以下简称《纲要》)指出，**数字素养与技能是数字社会公民学习工作生活应具备的数字获取、制作、使用、评价、交互、分享、创新、安全保障、伦理道德等一系列素质与能力的集合。**

数字素养具体包括四方面的内容：数字意识、计算思维、数字化学习与创新、数字社会责任。

数字意识：内化的数字敏感性、数字的真伪和价值，主动发现和利用真实、准确的数字的动机，在协同学习和工作中分享真实、科学、有效的数据，主动维护数据的安全。

计算思维：分析问题和解决问题时，主动抽象问题、分解问题、构造解决问题的模型和算法，善用迭代和优化，并形成高效解决同类问题的范式。

数字化学习与创新：在学习和生活中，积极利用丰富的数字化资源、广泛的数字化工具和泛在的数字化平台开展探索与创新。

数字社会责任：形成正确的价值观、道德观、法制观，遵循数字伦理规范。

数字能力(digitalization capability)，是指人们为了适应数字技术和数字经济发展，学习和掌握数据科学知识与技能，并将其应用于工作和学习的综合能力。

简单来说，**数字能力就是人们在数字化时代中应具备的技能和知识**，具体包括计算机和智能手机等基本操作、网络应用、数据分析、信息安全等。

16.2　数字素养和数字能力的提升

如何培养与提升数字素养和数字能力？

1. 学习基础知识

对大数据、云计算、人工智能、区块链等数字技术的基本概念和原理有所了解，面对元宇宙、NFT、DeFi和东数西算等热点概念时，能看清事物本质。

2. 参加培训课程

千学不如一看。参加一些线上或线下的数字技能培训或视频课程，深入了解数字技术的应用与发展趋势。同时，多与数字技术领域的人交流和分享，了解行业发展动态和前沿技术。数字技术的发展速度非常快，要持续更新自己的知识，才能跟上数字经济的发展步伐。在学习和生活中，积极利用丰富的数字化资源、广泛的数字化工具和泛在的数字化平台，进行探索和创新。

3. 实践中出真知

千看不如一练。在日常生活、学习和工作中，经常使用各种数字软件和工具高效地完成任务或解决现实问题，通过实践操作理解数字技术在各领域、各场景下的具体应用。同时，带着思考去实践，构建数字思维，善于获取数据、分析数据、运用数据，以数字的方式去发现问题、分析问题并解决问题。

16.3　信息茧房与饭圈文化

民国初年，袁世凯喜欢阅读《顺天时报》来获取一些外界消息。其子袁克定便天天伪造只出版一份的伪宫廷版的《顺天时报》，连篇累牍全是歌功颂德和呼吁袁世凯登基的文章。使得袁世凯蒙蔽其中，相信民意属己，决意登基称帝，然而实情是举国反对。

这就是典型的信息茧房，袁世凯信息闭塞，只能看到自己喜欢看的消息，并被这些消息左右了自己的判断。

如何定义信息茧房呢？

信息茧房，是指人们关注的信息领域会习惯性地被自己的兴趣所引导，并在平台推荐算法的影响下，只会看到自己想看到或感兴趣的信息，越来越偏执，从而将自己的生活像蚕茧一般桎梏于"茧房"中的现象。

按理来说，在互联网高度发达的今天，不会出现信息闭塞，但实际是信息茧房的情况却更多了。

网络虽能提供丰富的信息，但首先，我们的信息需求并非全方位的，往往是跟着兴趣走，倾向于阅读让自己感到愉悦的信息；其次，平台的算法会迎合我们的喜好，只推送让自己感兴趣的信息。

于是，我们看到的信息会越来越符合自己的口味，很少看到自己不感兴趣或与三观相悖的信息。久而久之，就会眼界不开阔，对现实世界认识不全面，甚至会出现严重偏差。

以今日头条App为例，当你登录并选择自己的频道，保存阅读习惯后，它会快速分析出你的兴趣点，并推断出你的年龄、性别、职业、阅读习惯等多方面的信息，然后将相关信息推送给你，这些私人订制的信息营造了一个了解和认识世界的"拟态环境"。如果你只看自己感兴趣的信息，就容易禁锢在自己的世界，造成"坐井观天"的情况。

比如，常人难以理解的"饭圈文化"，就是信息茧房的作用，当一群人有了自己喜欢的偶像，就开始组小圈子，圈子里充斥着各种夸赞、美化甚至神化自己"爱豆"(idol，网络用语，指偶像艺人)的信息。长此以往，这群人就像被"洗脑"一般，除了赞美，听不进一句批评"爱豆"的话，并且越来越"排外"，一言不合就爆粗口、举报，甚至出现"刷票倒奶"等挑战法律道德底线的行为。

16.4 如何挣脱信息茧房

为了避免信息茧房的出现和消除它的负面影响，主要可以从社会、平台及个人三方面着手。

(1) 加强社会监督，允许多方面声音的存在。

信息茧房的存在受一定社会因素的影响。各媒体平台需要受到强有力的社会监督，社会需要多方面的声音，公众需要获取多方面的信息，才能对现实世界有全面认知。

(2) 各媒体平台应具有公共精神，成为不同声音的集合地。

平台应该削弱按用户相关性推荐关注对象的原则，拓宽用户的视野，打破用户个人信息空间的闭塞性。比如，设置热点信息动态栏，让用户及时了解外部的信息，或者把最新的重大、热点事件闪现在首页面上，并自动添加到个人频道上，让受众多关注一些其他方面的信息，把公共话题引入个人议题等。

(3) 作为用户个人，要有集合多元信息的意识，具备独立思考的能力。

我们需要意识到信息茧房的危害，主动获取持不同立场的信息，并且要有集合多元信息的意识，关注多领域信息，拓宽自己的视野，不断地走出自己的思维牢笼。同时，也需要提高自己的媒介素养，加强信息判别能力，学会在海量信息中找到有价值的信息，能够站在更高的维度看待这个世界，而不是被身边的信息洪流所淹没。

16.5　何谓数字鸿沟

数字鸿沟是什么？

数字鸿沟(digital divide)，又称信息鸿沟，是由数字技术在全球的发展和应用所造成或拉大的国与国之间，以及国家内部群体之间的差距，主要体现在数字基础设施接入和使用两个方面。

数字鸿沟具体表现为以下三点。

(1) 全球鸿沟，即发达国家与发展中国家，特别是最不发达国家之间存在明显的数字鸿沟。

在互联网使用人口占总人口比例方面，发展中国家还不到发达国家的一半，而非洲更低。一些欠发达国家尚未建设现代的电信基础设施，更没有先进的信息与通信技术，可用的宽带连接往往速度缓慢且昂贵，他们与发达国家的数字鸿沟正在不断拉大。

(2) 社会鸿沟，即国家内部的数字鸿沟，主要表现在不同地区、不同阶层、不同年龄、不同性别，以及城乡之间数字接入和使用的差异。

比如，我国东西部、城乡之间在网络接入方面就存在明显的数字鸿沟。另外，老年人口、低教育水平人群和残障人士在运用数字软硬件设施时，也存在不会使用、不便使用等情况。

(3) 技能鸿沟，即经过一定的学习和锻炼，善于使用数字技能，能够较好地利用数字资源从事生产劳动、参与日常生活的人群，和不擅长或不使用这些数字资源的人群之间的差距。

比如，同样作为年轻人，有的人能充分利用AI工具等数字工具辅助办公，工作效率就和不会使用这类工具的人拉开了差距。还有，传统的劳动密集型工厂也会被应用了数字技术的"无人工厂"逐步取代。

16.6　如何弥合数字鸿沟

数字鸿沟的产生与经济发展水平密切相关。若数字化只能惠及少数人，不仅会削弱投资激励的力度，还会抑制数字溢出效应。提高数字经济的参与度，将为消费者和企业家创造更多可能性，并鼓励数字技术提供商持续创新。

因此，我国在提升数字竞争力的同时，要兼顾公平，弥合数字鸿沟，让全民共享数字红利，实现可持续发展。

(1) 加快数字中国建设，加大网络基础设施建设投入，促进网络普及。

重点加强薄弱地区数字信息基础设施建设，将数字信息服务纳入免费提供的基本公共服务中，切实推进互联网提速降费和电信服务设施普及工作，缩小不同地区的差距，从而消除收入、个体经济参与度等方面的差距。

(2) 构建政府主导、多方参与的针对老年人口、残障人士的弱势群体数字鸿沟社会支持体系。

依托老年学校、残联等社会组织，开设符合这类人群学习特点的课程，提供互联网和数字信息科技教育，帮助其提高信息化应用能力，大力倡导并建立终身教育体系，使他们能够及时跟上信息化社会发展的步伐。比如，2020年11月24日，国务院印发了《关于切实解决老年人运用智能技术困难的实施方案》。

(3) 提高劳动者的数字技能，以适应数字经济发展需要。

由于数字技术变革速度快，所需的技术种类也在快速变化，因此劳动者需要在整个职业生涯中不断更新数字经济社会所需的技能。在此方面，政府可以提供激励，帮助企业和劳动者建立终身学习的机制。

第17章

重于泰山的数据安全和数据主权

12月17日19时　胖子家中　大彭刚帮胖子取回快递

17.1　数据安全现状

在数字经济时代，数据作为一种新型生产要素，已成为经济社会发展的核心驱动力。与此同时，日益严峻的数据安全形势给经济和社会带来严重威胁。

国际标准化组织(ISO)对计算机系统安全的定义是：为数据处理系统建立和采用的技术、管理上的安全保护，目的是保护计算机硬件、软件和数据不因偶然及恶意的原因遭到破坏、更改与泄露。

计算机网络的安全可以理解为：**通过采用各种技术和管理措施，使网络系统正常运行，从而确保网络数据的可用性、完整性和保密性**。所以，建立网络安全保护措施的目的是确保经过网络传输和交换的数据不会发生增加、修改、丢失和泄露等。

当前，数据安全事件频发，安全形势日益严峻。2021年4月，涉及5.33亿用户敏感数据的Facebook特大数据泄露事件被曝光。2022年3月，三星电子150GB的机密数据和核心源代码泄露。2023年9月，黑客窃取了香港消费者监管机构的员工、月刊用户数据，以及其他内部资料，并勒索50万美元赎金。网络安全公司Surfshark的最新研究显示，2023年第二季度共有1.108亿个账户信息遭到泄露，每秒有超过14个用户账户信息被泄露，比上一季度增加了近3倍。IBM最新发布的《2023 年数据泄漏报告》显示，2023年全球数据泄露的平均成本达到445万美元，创历史新高。

据统计，造成数据泄露的主要攻击方式是网络钓鱼(16%)、内部人员凭证泄露或被盗(15%)、云配置错误(11%)和商业电子邮件泄露(9%)等。

因此，数据安全，除了面对安全漏洞、恶意流量、病毒木马等传统攻击手段的威胁，还存在特权账号弱口令的普遍使用、App对用户信息的过度采集、API接口存在攻击威胁、数据权限分配混乱等突出问题，再加上个人信息合规合法使用的监管难度增加，账号、权限、API成为数据保护的脆弱环节。

随着经济、社会各领域的进一步数字化，数据泄露风险将更加严峻且复杂，需要从立法、管理到技术层面，制定更为完善的安全管理措施。

17.2　数据安全防范措施

面对数据安全风险，**平时上网以及使用各种App时，要提高安全防范意识，养成良好习惯**。

(1) 谨慎提供个人信息,在使用各类网络账号时,除了不可避免的实名认证,不要在个人资料中随便填写自己的真实姓名和真实信息。尽量不在社交平台晒照片,不要暴露个人真实信息及私密信息(如姓名、年龄、出生日期、身份证号码、手机号、住址等),或者避免陌生人看到这些信息。

(2) 谨慎提供手机应用授权,仅提供必需的授权,尤其注意关闭敏感数据收集权限。可以使用安全软件关闭各种程序访问通讯录和获取通话记录等的隐私权限,除非确实必要。金融服务尽可能选择持牌金融机构,其他行业尽可能选择行业头部的知名机构。应禁止购物类App获取定位信息。购物App一般都要获取定位和手机信息,其中大部分禁止获取手机信息后无法使用,但只禁止获取定位信息基本都是可以正常使用的,这样也能杜绝大数据根据地理位置来推送广告等。

现在,我们可以自主设置手机上的应用程序所拥有的权限,包括使用手机上配备的麦克风、摄像头、陀螺仪或者其他应用程序,如日历、联系人等。设置原则是应用程序可以拥有合理的权限,比如录音机应用程序需要得到访问麦克风的权限就是合理的。某些应用程序要求访问使用者所在地信息及联系人信息,甚至手电筒应用程序也有这样的要求,这显然是不合理的。作为手机的拥有者和应用程序的使用者,应关闭这些应用程序过分收集个人信息的权限。

(3) 多平台、多账号比较价格,避免大数据杀熟。可先不登录账户进行查询,然后登录账户进行购买,如果前后价格有差异,就要小心了。也可备一个小号,平时不用来购买,只比较价格,登录常用号用WiFi,登录小号用流量,同时关闭网站的信息跟踪。

(4) 使用浏览器时,使用主流浏览器都有的"禁止跟踪"功能。开启"无痕浏览",或者在浏览器选项中稍加设置,选择"退出浏览器时,自动清除浏览痕迹"和"一律不保存密码",不要选择"启用自动填充功能"。

(5) 妥善保管自己的账号、密码、证件及设备。不同的网站平台尽量使用不同的账号,用不同的邮箱注册和关联,尽量避免直接使用手机号作为账户名。

注意，社交平台QQ邮箱也会不经意地"出卖"自己。如今，网上社交平台多如牛毛，并且各种论坛和社交网络中都需要填写个人资料才能进行聊天互动。例如，很多网友会把QQ邮箱作为首选的注册邮箱，而QQ邮箱通常直接显示QQ号码，不法分子继而可以通过QQ资料、空间等渠道获得个人信息。

(6) 不定期修改密码，密码设置不要过于简单。较为安全的密码一般不少于8位，应使用大小写字母、字符、特殊符号和数字等复杂组合。不要使用生日和手机号码作为密码，不可在不同账号上使用通用密码。一定要开启并使用网络账户上的登录保护，诸如验证码、短信验证码、手机令牌和微盾等。

(7) 不随意在微博、微信朋友圈晒私密照片，如家中照片、孩子照片、单位照片、贵重物品照片等。晒花草、风景照片没问题，注意关掉定位再拍照，照片的EXIF信息中包含GPS地址等；机票、火车票、购物小票等实在想晒，先做模糊处理，有些软件也能还原模糊的部分，所以尽量少晒。

(8) 上网评论时，不要随意留自己或朋友的个人信息。虽然网友在微博中会使用昵称，但不排除在评论互动中各自直呼其名，这便在无意中泄露了个人的真实信息。比如，在QQ空间中写日志或发布照片，朋友评论或者转发时会出现一些诸如姓名、职务、单位等信息。

(9) 尽量不在网上做姓名测试或算命。当输入姓名、生日和出生地等信息进行查询时，这些信息也随之泄露了。同样，一些趣味游戏也要谨慎选择，比如要求输入姓名、性别、属相、星座或生日，然后和某些名词一一对应，串成一个有趣的句子，这很容易被逆推出个人信息。

(10) 网上投简历时，个人信息填写要慎重。如今大部分人找工作都是通过网上投简历的方式进行，而简历中的个人信息一应俱全，这些内容可能会被非法分子以极低价格转手。因此一般情况下，简历中不要过于详细地填写本人具体信息，如家庭地址、身份证号码等，还有在留电话号码时，数字间用"-"隔开避免被搜索到。

(11) 保管好报名、复印资料等信息。各类考试报名、参加网校学习班等，经常要登记个人信息，甚至一些打字店、复印店会利用工作便利将客户信息资料存档留底，然后转手卖掉。

(12) 小心身份证复印件被滥用。银行开户、手机入网，甚至办理会员卡、超市兑换积分都需要身份证，提供复印件时，一定要写明"仅供某某单位做某某用，他用无效"。此外要关注复印过程，多余复印件要销毁。

(13) 安装计算机软件或手机App时，应选择可信渠道，不下载、不安装和不使用来历不明的程序软件。不随意打开垃圾邮件、垃圾短信，不扫描不可信的二维码。关闭微信、支付宝等"通过手机号搜索到我""通过QQ号搜索到我""通过邮箱搜索到我"等功能。

(14) 手机和平板不要蹭免费WiFi，不要随便使用公共WiFi，WiFi开关最好关闭。使用家用无线网络的时候，为防止被蹭网，可用无线路由器绑定计算机和移动设备的MAC地址。

(15) 不把重要信息保存到计算机和手机，慎用网盘和云存储，以免信息被窃取。尤其是重要文件、隐私信息和商业秘密、公司内部文件，切不可保存到网盘和云存储上。可以把数据资料保存到移动硬盘，存储重要数据的移动硬盘不外借，不随便插接公用计算机。U盘小巧易携带，但稳定性不如移动硬盘，有丢失数据的风险。及时更新计算机和手机上的安全防护软件，不定期杀毒。

(16) 使用智能手机通话和发送信息时，有被黑客监听的风险，而使用非智能手机通话和发信息相对安全。

出于信息安全考虑，如果不怕麻烦和条件允许，可以配备3部手机：一部功能手机用来通话和发信息；一部智能手机或平板电脑用来上网、刷微博、玩微信、看电影、玩游戏等娱乐；另一部智能手机作为金融交易专用手机，用来登录网银、炒股、网络购物等，该手机的号码不对外公开，用安全软件彻底检测和杀毒，设置好开机密码，金融交易只用流量不开WiFi更安全。

(17) 警惕一些网上的"个性化服务"。很多个性化服务都需要个人信息，以LBS(基于位置的服务)为例，不少商家与社交网站合作，通过无线网络确定用户位置，从而推送商品或服务。更为可怕的是用户被实时"监控"，这为诈骗、绑架勒索等打开方便之门。

(18) 废旧手机和计算机不要随便丢弃或售卖。在丢弃或售卖前，计算机最好拆除内存条和硬盘，手机拆除存储卡，或者用专用工具将计算机硬盘做一次已删文件擦除操作。

(19) 快递单、实名制火车票、存取款凭条和刷卡回执单等重要单据不要随便丢弃，收纳保管好或不定期销毁。快递单不仅要涂抹收货人信息，还要擦除运单号，因为通过运单号也可以查询到签收人信息，最好是将其剪碎。

(20) 在日常生活中，不要随便暴露个人信息。少办理会员积分卡或打折卡，这样会把个人信息透露给商家。街头发放的调查问卷，切不可随便透露姓名和真实信息。网上的调查问卷，不要贪图奖品随意作答。

(21) 在计算机上登录微博、QQ、邮箱等网络账号时，最好用手机客户端扫描登录页面的二维码登录，既免去手动输入账号、密码的麻烦，又最大限度地保护了密码安全。另外不要在导航网站页面直接登录邮箱，而是要到邮箱网站的登录页面进行登录，以免账号和密码被导航网站的后台窃取。

(22) 用计算机登录网银、购物网站和邮箱等个人账号时，操作完毕必须单击"退出登录"或"安全退出"，等退出系统后再关闭页面。否则，即使关闭页面，该账号在服务器上还是处于登录状态。

(23) 删除计算机上的重要文件时，不要删除到回收站，可用安全软件的文件粉碎工具将文件直接粉碎。不定期用专用工具对计算机硬盘做已删文件擦除操作，防止文件被人为恢复。

(24) 建议限制手机的广告跟踪功能，否则，浏览过的产品信息都会留下记录。比如，在京东浏览过信息会储存一个溯源码，爱奇艺打开后如果有相关广告植入，苹果就会调取该溯源码显示广告。

(25) 手机、平板、笔记本电脑基本都有内置摄像头，都存在被黑客偷偷开启的风险，尤其在使用无线网络时。如果不经常用，可用贴纸遮盖摄像头，需要时再揭开。住宾馆、公租房时，注意检查有无针孔摄像头。

(26) 在外购物出示手机付款码时，注意周围环境，小心遮挡，防止被隔空盗刷。

当然，在大数据时代，隐私不可能被完美保护。过于在意个人隐私，拒绝一切需要提供个人信息的服务，也会造成诸多不便。因此，**我们要有选择地允许个人信息的使用授权**，来获得更精准、更优质的服务。

17.3　维护数字主权

数字主权的概念最早由欧盟提出，目前尚未在国际社会形成共识。一般认为，**数字主权是国家主权在数字领域的自然延伸，包括一国对其境内数字基础设施以及所有重要数据的掌控，也包括相关数字知识产权与核心算法，还有与其社会生产生活相匹配的监管模式**。但对于数字主权，全球尚无统一的界定标准和数字治理制度。

数字主权必然包含数据主权。以数据主权为例，在数字经济时代，数据不但成为新的生产要素，也成为基础性的战略资源。现在通过大数据和人工智能等数字技术，完全可以从海量数据中挖掘出蕴含的社会动态、经济变化、科技发展、民生民意、军事行动和国家安全威胁征兆等重要情报信息。简单来说，数据就像煤炭、石油、稀土等矿产资源一样重要，甚至犹有过之，那么数据主权就相当于国家对自然资源的所有权。

数字边疆的重要性越发凸显。数字技术的应用在推动各国经济社会发展的同时，越来越侵蚀到国家安全，即影响国家主权的层面，"棱镜门"事件就是极为典型的例子。有的国家利用大数据技术极其隐蔽地对其他国家进行精细的情报搜集，并通过大数据预测做出有针对性的舆论战、金融战方案。这是当前国家安全领域面临的现实问题。数据安全与经济发展、国家安全息息相关。数字主权和现实世界中的国家主权一样，必须充分重视和坚决维护。

因此，欧盟、日本、俄罗斯、加拿大、印度等都通过了以保护个人隐私和国家安全为主要内容的法律法规。

我国也一直十分重视有关数据安全的立法工作。《网络安全法》《数据安全法》和《个人信息保护法》等相关法律法规的出台与正式实施，将从网络安全、数据安全及个人信息保护等不同维度维护数字主权，助力我国数字经济的蓬勃发展。

17.4　警惕数字霸权

无论是"斯诺登事件""维基解密"等网络安全事件，还是"棱镜门""方程式组织""梯队系统"等网络监听监视行为，都昭示了一个现实：世界各国的数字主权，一直面临着数字霸权的威胁。

各国在数字应用上的技术水平差距巨大，美国最为先进，长期占据物理网络、计算机芯片、用户设备、软件和应用程序等领域的核心地位，紧抓全球数字市场主导权，强化"长臂管辖"。以互联网IPv4根域名服务器的分布为例，全球互联网IPv4根域名服务器的主根服务器在美国，全部13个根域名服务器中有9个也在美国，因此全球互联网在很大程度上依赖于美国。美国的一些政客一直致力于谋求数字霸权，即试图在底层掌握网络的控制权，通过本国的互联网企业，以提供应用服务等方式渗透，在云端监控、窃取数据，然后通过掌握的数据与情报网络组成协同平台，达到霸占数字世界的目的。这从其颁布的《云法案》可见端倪，法案规定，无论数据存储在本国境内还是境外，政府都拥有调取该数据的法律权限。这相当于单方面确立了一种可以绕过数据所在国的监管机构，将本国执法效力扩展至所在国的"治外法权"，这正是其在全球范围内谋求数字霸权的体现。

我国先进数字企业后来居上，遭到美国的打压，继封杀华为、强迫字节跳动出售TikTok之后，美国的一些政客又大搞"清洁网络计划"，滥用国家力量，意欲将中国先进数字企业从全球数字市场上排挤出去，防止中国通信、互联网企业等颠覆美国主导的互联网世界，竭力维护自身的高科技垄断地位，维护其数字霸权。

研究显示，我国的数字化程度虽然在全球仅位居中游，但我国有着非常活跃的行业动态及消费市场，数字化发展潜力巨大。以人工智能为例，首先，截至2023年6月，我国拥有10.79亿的互联网用户，比其他任何国家都多。根据国际数据公司(IDC)的预测，到2025年，我国数据总量有望增至48.6ZB，占全球27.8%，远超美国届时30.6ZB的数据规模。其次，我国的人工智能专家群体是全球范围内最大的人工智能专家集群之一。这意味着我国拥有更多的个体和数据来打磨最新的AI实践。

应对数字霸权是关系经济发展和国家安全的紧迫任务：一是从立法层面，应强化数字主权，完善我国数据保护法律体系，同时加强与各国在数字主权方面的合作，推动更多国家认可和接受我国提出的《全球数据安全倡议》；二是从基建层面，应深入推进以5G基建应用为核心与基础的"新基建"，带动相关产业快速发展，如智慧城市、智慧交通、智慧园区、智慧农业等，进而由产业发展助推数字技术创新，实现数字生态下的生产、消费、安全三者的良性循环；三是从市场层面，应保持开放的市场，为ICT供应商创造公平的竞争环境，反对以自我为中心的歧视性标准，避免设置贸易壁垒，推进建立全球ICT供应链安全规范。

数字经济时代也是万物互联的时代，从数字世界到现实世界，所有国家都是休戚相关的命运共同体。互联网等数字技术实现了让世界紧密相连，促进了各国的交流沟通和协同合作。国际社会应该团结起来，制定客观、公正的标准并采取有效措施建立信任，化解数字霸权的威胁，共同推动全球数字技术可持续创新和数字经济健康有序地发展。